W0204306

- Michael Repkowsky

DEIN NEUES LEBEN IM JETZT

Der Einstieg in die friedvolle Gegenwart

Was dich in diesem Buch erwartet:

Einleitung

Dieses Buch soll Menschen erreichen, die auf der Suche sind. Du liest diese Worte bereits, also meine ich Menschen wie dich. Sei dir gewiss, dass du nicht der einzige bist, der eine „Innere Leere" in und mit sich trägt. Du bist damit nicht allein. Es gibt viele, die sich ungefähr dieselben Fragen stellen wie du und versuchen, ein glückliches, intensives und sinnvolles Leben zu erfahren. Dieser Planet ist voll mit Menschen, die das Gefühl der inneren Leere kennen. Gemeint sind all jene, die während ihrer Suche nicht wissen, wonach sie eigentlich genau suchen. Im Vordergrund steht zwar der Drang nach Wissen, aber was erfüllt uns wirklich? Der berufliche Status, das dadurch erschaffene Geld, das tolle Haus, der Titel vor unseren Namen sind und waren es nie, das weißt du natürlich. Vermutlich stimmst du der Aussage zu, dass uns die eigene Gesundheit und die unserer Familie am wichtigsten ist. Alles andere ist zweitrangig, richtig? Ok, einverstanden. Lass uns aber ein bisschen genauer hinsehen. Mein Leben hat mich nämlich noch etwas Gehaltvolleres gelehrt. Die schwierigste Phase meines Lebens wurde durch eine tiefgründige Einsicht in die Essenz der tiefen Leere beendet. Eine oder wahrscheinlich die wertvollste Erkenntnis, welche mich ganzheitlich durchdrang und diese möchte ich dir nicht vorenthalten.

Aber davor erzähle ich dir noch kurz, wie mein Leben unmittelbar vor dieser Erkenntnis aussah. Im Alter von 22 Jahren verlor ich den bis dato wichtigsten Menschen in meinem Leben. Ich schlitterte durch eine turbulente Sinn-Krise, meine damalige Liebesbeziehung nahm ein chaotisches Ende, mich plagten finanzielle Probleme und aufgrund meiner fehlenden Handlungsfähigkeit, insbesondere durch diese Gegebenheiten, stand ich kurz davor, das Dach über meinem Kopf zu verlieren. Der drohende Verlust meiner Wohnung versetzte mich in regelrechte Panik, da ich von klein auf mit Existenzängsten zu kämpfen hatte. Mir gelang es nicht sofort, die Dinge eigenständig in die Hand zu nehmen und so flüchtete ich mich in die weite Welt der spirituellen Themen, um Heilung und Trost zu erlangen. Ich verschlang etliche Vorträge, las spannende Artikel, besuchte Esoterik-Messen und nahm regelmäßig an Gruppenmediationen in einem Tempel teil. Alles in der Hoffnung, meinen bohrenden Schmerz zu lindern und die innere Hoffnungslosigkeit, die gefühlte Leere irgendwie gegen Glück einzutauschen. Heute ist mir diese Intention bewusst, zum damaligen Zeitpunkt war ich jedoch der Meinung, von „normalem" Interesse und natürlicher Neugier angetrieben zu werden. Ich dachte, es sei lediglich mein Wissenshunger, der mich anspornt. Das stimmte aber nur zum Teil, denn in Wirklichkeit setzte ich alles daran, um mich von meiner eigentlichen Situation abzulenken. Da die Welt der Spiritualität jede Menge „Ablenkungs-Stoff" bietet, gelang mir das auch eine Zeit lang, aber eine weitere Hürde durchkreuzte meinen Fluchtplan letztlich. Es war eine anstehende Hüft-Operation. Ein relativ kleiner Eingriff, der jedoch unter Vollnarkose durchgeführt wurde. Vermutlich weißt du selbst, dass ein „Problem“ selten allein kommt. Es scheint, als ob sich die Schwierigkeiten hinter den Kulissen heimlich absprechen und bündeln, um uns im (un)günstigsten Moment mit einem Wirkungstreffer der Extraklasse zu Fall zu bringen. In Wien sagt man: „Es kommt immer alles zam“. Die anstehende Operation brachte das Fass zum Überlaufen. Ich war gezwungen, mich darauf vorzubereiten. Mein tierischer Lebensbegleiter namens Casper verbrachte ein paar Tage bei einem Freund. Ich packte meine Tasche, verschloss die Wohnungstür und fuhr ins Krankenhaus. Dort teilte ich mir mit 3 weiteren Patienten ein Zimmer. Da es dort keinen Internetzugang gab, vertrieb ich mir die Zeit mit dem Schauen von langweiligen TV-Sendungen. Am zweiten Tag war es dann soweit. Eine Krankenschwester chauffierte mich in den Operationssaal und gab mir bereits auf dem Weg dahin eine Beruhigungstablette zum Schlucken, welche meinen Körper innerhalb weniger Momente in den Tiefschlaf versetzte. Eine Stunde später wachte ich wieder auf. Gefühlt verging jedoch maximal eine Sekunde, wenn überhaupt. Mir kam es so vor, als ob die gesamte Operation im Moment eines einzigen Lidschlags vonstattenging. Ich blinzelte und fand mich danach in einer komplett neuen Realität wieder. Hier war alles anders. Optisch hatte sich nichts verändert. Viel mehr war es meine allgemeine Lebensempfindung. Physisch war ich ausgeknockt und auch mental stand ich in den ersten Stunden nach dem Aufwachen noch neben der Spur. Aber mein Herz gab mir zu verstehen, dass wir den Einstieg in eine neue Realität, ein neues Leben gemacht hatten. Ich fühlte, dass trotz der unschönen Umstände alles gut ist und war von einem Friedensgefühl getragen, das aus meiner tiefsten Innerlichkeit kam. Was zuvor unschön war, nahm ich ab hier als völlig ok wahr. Die Botschaft meiner inneren Stimme war deutlich: „Alles, was ist, ist gut“. Diese Erkenntnis gab mir das vertrauensvolle Gefühl, dass meine innere Leere eine Illusion ist, da alles Leben bereits Fülle ist. Auch heute fühle ich mich noch erfüllt, wie an jenem Tag meiner „neuen Geburt“. Der Botschaft zur Folge war alles gut und mit „alles“ war nicht nur jedes Hoch und jedes Tief gemeint. Es ging und geht um eine verborgene Ebene des Verständnisses, worüber du in diesem Buch lesen wirst. Die Rede ist von der bedingungslosen Akzeptanz dessen, was ist. Deine bewusste Gegenwärtigkeit ist das Ziel, denn nur aus ihr heraus erfährst du die ganzheitliche Essenz allen Seins. Gelingt dir dieser Schritt, ist er mit jenem in ein neues Leben in (d)einer neuen Realität gleichzusetzen. Wenn du das, was hier und jetzt ist, annehmen kannst, bist du frei. Denn was kann dich mehr befreien als die Annahme der Gegenwart? Du erlebst weder die Vergangenheit, noch die Zukunft. Alles, was du erlebst, ist das Hier und Jetzt. So war es gestern und genauso wird es auch morgen sein. Du wirst immer nur im Jetzt leben. Wenn du das in deiner tiefsten Innerlichkeit beherzigst, fängst du wahrlich an zu leben. Durch deine transformierte Bewusstheit zeigt sich dir die friedvolle Gegenwart in ihrer unendlichen Weite und in dieser findest du dich selbst als Teil von allem wieder. Dir wird das Leben nicht mehr „passieren“. Du wirst begreifen, dass du das Leben bist, während du es erfährst. Dein Verlangen nach einer künstlichen Identifikation wird schwinden. Du wirst Rollen höchstens einnehmen, weil sie dir Spaß und Freude bereiten, aber nicht mehr, um dich damit gleichzusetzen. Das wird dir nicht mehr möglich sein, sobald du den Zugang zu deinem unsterblichen Sein, durch den Einstieg in die friedvolle Gegenwart, erlangt hast. Das, was ist, ist immer auch das, was du bist und mit diesem Wissen erweist sich dir dein schöpferischer Einfluss auf das Ganze. Damit wird dir unmittelbar bewusst, dass du auch dein eigenes Leben als Mensch auf dieser Welt fortan aus einer gelasseneren Position heraus betrachten kannst. Denn nichts ist so, wie es scheint, solange du dich vom Hier und Jetzt abwendest. Hingegen zeigt sich alles, wie es ist, sobald du den Einstieg in die friedvolle Gegenwart bereits gewagt hast.

Daraus resultiert endloser Frieden, der deine innere Leere durch Harmonie ersetzt. Dir wird auffallen, dass es diese illusorische Leere nie gab. Du wirst Umstände und Situationen nicht mehr verdrängen oder krampfhaft ablehnen wollen, sondern schätzt sogar jede noch so unangenehme Erfahrung. Für jedes Erlebnis wirst du dankbar sein, weil du weißt, dass deine Reise bereits die Antwort auf all deine Fragen ist. Du wirst nicht mehr hysterisch suchen, sondern akzeptieren, dass die Suche an sich das Ziel ist, welches dich erfüllt.

Auf dieser Ebene kannst du all deine Fragen beruhigt stellen, ohne daran zu verzweifeln. Dein neues Leben in der friedvollen Gegenwart gibt dir nämlich auf deiner Herzensebene zu verstehen, dass deine Suche niemals, auch nicht nach deinem physischen Menschentod, enden wird. Nach meiner Hüft-Operation präsentierte mir die friedvolle Gegenwart die Lächerlichkeit meiner Ängste und Sorgen. Wie bereits erwähnt, durchstöberte ich in meinem „alten Leben" alle (un)möglichen Theorien, Ideen und Ansätze, um Heilung zu erfahren. Aber das alte Verständnis von Leben an sich, meine Lebensart und meine routinierte Denkweise waren mit dem echten Hier und Jetzt nicht mehr kompatibel. Ich möchte dich in eine Welt begleiten, in der das Ziel nicht mehr darin besteht, sich vom Leben abzuwenden, indem man eilig von der einen „Wahrheit“ zur nächsten springt. Es ist nicht der Weg des geringsten Widerstands, der dich heilt. Es ist eher der Weg, welchen du widerstandslos wanderst, der dich gesund sein lässt. Was dich wirklich von innen heraus erfüllen kann, ist einzig und allein die bedingungslose Annahme dessen, was momentan tatsächlich ist. In der friedvollen Gegenwart bist du weder Opfer, noch Täter. Diese Ideen stimmen dann nicht mehr mit deiner inneren Betrachtungsweise überein. Im Hier und Jetzt bist du gewissermaßen ein kraftvoller Schöpfer, da du auf alles, was ist, einwirken kannst. Du erkennst, dass du ein Leben hast und du selbst gleichzeitig Leben bist, welches mitten in diesem lebt. Im Zustand der Gegenwärtigkeit zeigt sich dir das Leben in all seinen Formen. Du wirst nichts mehr sehen können, das nicht lebt, weil alles, was sich dir zeigt, lebt. Alles, was du mit deinen Sinnen wahrnehmen kannst, beinhaltet bereits die volle Essenz allen Seins. Somit erkennst du, dass das Leben der kleinsten Ameise nicht weniger wert sein kann als jenes eines Menschen. Demnach wird auch der größte Baum, genauso wie der kleinste Stein, mit der Fülle des Lebens bewohnt. Alles Leben, ist Leben, inmitten von Leben, das unbedingt gelebt werden will. Wenn du das erkannt und wahrhaftig verinnerlicht hast, wird dir bewusst, wie dreist es wäre, sich vom Hier und Jetzt abkehren zu wollen. Möglicherweise wirst du dein „altes Leben“ rückblickend betrachten und überrascht sein, wie abwesend und desorientiert du unterwegs warst. Die Zeit vor deinem Einstieg in die friedvolle Gegenwart wird dir höchstwahrscheinlich wie ein altes Leben vorkommen, welches sich auf einer Ebene abspielte, die du nun endgültig verlassen hast. Ein Schritt in Richtung Bewusstheit ist immer ein Schritt in Richtung Leben. Denn alles, was lebt, enthält Bewusstsein. Und je bewusster wir uns unserem Sein sind, desto deutlicher nehmen wir das, was tatsächlich ist, wahr.

“Das Leben in der friedvollen Gegenwart wird dir lehren, alles, was ist, in reinster Liebe zu verehren.“

Sieh dich doch mal um und sei ehrlich. Ist der Großteil der Menschen in deiner Umgebung vom Wunder des Lebens fasziniert? Erwecken die meisten Menschen, die du siehst den Anschein, ihr Dasein wirklich zu zelebrieren? Beobachte die nächsten 10 Menschen, die dir draußen im Alltag begegnen und mutmaße, wie viele davon von der Zusammensetzung allen Seins beeindruckt sind. Nun könntest du entgegnen, dass du nicht in die Köpfe der Menschen schauen kannst und somit auch nicht weißt, ob sie sich derartige Gedanken machen. Du weißt also auch nicht, ob sie innerlich erstaunt sind und das Leben als Wunder begreifen und, ob sie ihrem Dasein eine tiefere Bedeutung zuschreiben. Außerdem haben die meisten „keine Zeit“, da sie arbeiten und ihren sonstigen Pflichten nachkommen müssen, richtig? Hier muss ich dir widersprechen, denn das eine schließt das andere ganz sicher aus. Sobald du den

Einstieg in die Gegenwart machst und sich dir im Zuge dessen das ewige Leben allen Seins erschließt, bist du frei von Sorgen und Ängsten. Dadurch wirst du nicht mehr nur „funktionieren". Du wirst im positiven Sinne dermaßen erschüttert, dass ein „normales" Leben mit „normalen" Gedanken und einer „normalen" Sicht auf alles, was dich umgibt, unmöglich wird. Dich werden Glück, Frieden, Freude und unendliche Dankbarkeit durchdringen, weil dir dein Dasein als das, was es ist, erscheinen wird - als ein Wunder. Dieses Verständnis wird man dir ansehen, du wirst es ausstrahlen. Falls unter den 10 Menschen also ein „Erwachter" dabei ist, wirst du ihn sofort erkennen.

„DERJENIGE, DER EINEN BLICK IN DIE UNENDLICHE WEITE DES LEBENS GEWORFEN HAT, VOM HEILIGEN WUNDER ALLEN SEINS ERFASST WURDE UND DAVON LETZTLICH NICHT BEEINDRUCKT ZU SEIN SCHEINT, KANN NICHT WIRKLICH EXISTIEREN."

Der Einblick in die elementare Essenz der Unendlichkeit gibt dir zu verstehen, dass du ein wichtiger Bestandteil von etwas so Großem bist, das deine Vorstellungskraft in allen Maßen übersteigt. Ohne dich gäbe es das, was ist, nicht so, wie es hier und jetzt ist. Dasselbe gilt umgekehrt. Das Verständnis darüber lässt niemanden unbeeindruckt. Der Unbeeindruckte hat bloß nicht verstanden, dass er nicht begreift und der „Erwachte“ hat verstanden, dass es nichts zu verstehen, aber alles zu erfahren gilt. Der wahrhaftige Einstieg in die friedvolle Gegenwart verlangt ein hohes Maß an Bewusstheit und es freut mich, wenn ich dich auf diesem Weg ein kurzes Stück begleiten darf. In diesem Buch versuche ich so deutlich wie möglich zu dir zu sprechen. Ich verzichte auf seitenlange Phrasen, die dich „streicheln“ sollen und konzentriere mich gezielt darauf, wertvolle Anhaltspunkte darzulegen. Dabei tue ich mein Bestes, um sachlich aber dennoch in der Sprache des Herzens zu kommunizieren. Mein Wunsch besteht darin, dich da abzuholen, wo du momentan stehst. Auch wenn du dich bereits allgemein mit dem Leben im Hier und Jetzt befasst hast, wirst du bestimmt den einen oder anderen neuen Blickwinkel dazugewinnen. Wenn du ein „Neuling“ bist, kann es durchaus sein, dass du manche Sätze oder gar Kapitel mehrmals lesen wirst, bis die eigentliche Botschaft bei dir anklopft. Das weiß ich nur zu gut aus eigener Erfahrung auf diesem Gebiet. In jedem Fall soll dich dieses Buch bereichern. Ich wünsche dir viel Spaß und Freude beim Lesen!

KAPITEL EINS

Den Verstand verstehen, der Zeit entgehen

Ein wichtiger Bestandteil vom Leben im Hier und Jetzt ist die richtige Betrachtung des eigenen Verstandes. Sind wir nicht achtsam genug, ist er in der Lage, uns aus dem gegenwärtigen Moment zu zerren. Wollen wir ganz bewusst heute, hier und jetzt, mit all unseren Sinnen anwesend sein, so müssen wir uns vor Augen führen, welche Probleme wir mit unserem Verstand erschaffen können. Das gilt vor allem dann, wenn wir nicht oder noch nicht mit ihm und seinen Tricks vertraut sind. Ist dies nämlich der Fall, können wir ihn demzufolge auch nicht zu unseren Gunsten nutzen. Er kann eigentlich wie eine Art Hilfs-Werkzeug verwendet und angewendet werden. Er kann aber auch wie eine Waffe auf uns zielen, wenn wir das „möchten". Der Verstand ist flexibel und setzt unsere Anweisungen konsequent um. Was wir anordnen, beziehungsweise wie wir ihn verwenden und auf welche Art und Weise wir mit ihm umgehen, ist entscheidend. Leider verrennen sich immer noch zu viele Menschen in seinem Spiegellabyrinth. Von klein auf wurde uns in allen möglichen Lebensbereichen suggeriert, dass wir unser Leben, den Wünschen unseres Verstandes anpassen sollen, um Glück zu erlangen. Die Befriedigung seiner Bedürfnisse wird uns schon sehr früh antrainiert. Jetzt fragst du dich möglicherweise: „Ja und inwiefern stellt das ein Problem dar?“ Die Antwort ist simpel: Dein Verstand hat Bedürfnisse, die nicht dir selbst entsprechen. Es handelt sich dabei meist um übernommene Wunschvorstellungen, welche dir durch Zeitungen, TV-Sendungen, Musikvideos, Filme und so weiter suggeriert wurden und werden. Mit deinem wahren Naturell hat das nichts zu tun. Die Ziele werden uns in jüngsten Jahren vorgegeben und später streben wir danach, im Glauben genau das zu tun, was wir selbst wollen. Das ist ein Trugschluss und unterbewusst wissen wir das auch. An der Oberfläche können wir den inneren Protest aber nicht immer klar deuten und deswegen sehnen wir uns mittlerweile automatisch nach Entschleunigung in der Gegenwart. Immer mehr Menschen entwickeln ein dringendes Verlangen danach, im Hier und Jetzt zu sein. In uns brodelt es und der Wunsch nach Ruhe und Gelassenheit gewinnt an Zuwachs. Während auf der einen Seite die Unbewusstheit zu wachsen scheint, lässt sich auf der anderen Seite erkennen, dass sich immer mehr Menschen fragen, was sie eigentlich wirklich aus ihrem Leben machen möchten. Vorgefertigte Ziele, Wunschvorstellungen und Bedürfnisse wurden uns als unsere eigenen verkauft und mit unserem trainierten Verstand nahmen wir sie in der

Vergangenheit blindlings an. Wie hätten wir auch anders handeln können, wenn bereits unsere Eltern, denen wir natürlicherweise vertrauen, davon betroffen sind? Sicher geben sie ihr Bestes, weil sie uns aus tiefstem Herzen lieben, aber wo geht die Reise hin, wenn wir uns an jenen orientieren, die sich selbst bereits unwissend in diesem Dilemma verfangen haben? Unsere Eltern sind auch nur „verlorene Kinder", die meist „gelebt werden" und dadurch von ihrem natürlichen Weg abgekommen sind.

Ich habe keine Ahnung, ob es ein zeitliches Phänomen beschreibt oder, ob es schon immer so gewesen ist, aber ich nehme wahr, dass das grundsätzliche Hinterfragen nicht unbedingt gängig ist. Zumindest macht es den Anschein, dass kritisches Denken gerne den anderen überlassen wird. Schließlich fehlt einem ja die Zeit, denn man hat zu tun. Während unser Herz um mehr Aufmerksamkeit bettelt, widmen wir uns lieber dem Überleben. Das geläufige Motto: „Ohne meine Probleme wäre ich nichts, also besorge ich mir welche". Eine kopflastige Aussage, welche unser Herz niemals tätigen würde. In der breiteren Masse ist eine derartige Denkweise jedoch Usus. Es herrscht der unausgesprochene Irrglaube, dass wir unser Verstand sind, weil wir uns immer mehr im gedanklichen Prozess verlieren und demnach alltägliche Entscheidungen treffen, welche uns wiederum nicht ins Hier und Jetzt gelangen lassen. Wir seien angeblich das, was wir auf Anordnung unseres Verstandes tun. Damit du „jemand" bist, sollst du dir also beispielsweise einen angesehenen Vollzeit-Job suchen. Du sollst dann behaupten, du seist ein Installateur, Verkäufer, Frisör et cetera. Das warst du aber nie und du wirst es auch nie sein. Du wirst höchstens als solcher arbeiten, dein Geld mit dieser „Rolle“ verdienen. Kaufe dir zusätzlich dieses oder jenes Auto und vertritt hippe Meinungen, um überhaupt von der Gesellschaft gesehen und anerkannt zu werden. Orientiere dich ausschließlich im Außen, sodass du stets weißt, wie du dich allgemein zu verhalten hast. Sammle im Außen nach Information und bringe dich demgemäß schön brav in Formation. Mach dir bloß keine Gedanken über deine eigene, individuelle Entfaltung, sondern denke und sprich über all jene Themen, die von sogenannten Stars, Politikern und sonstigen „Meinungsmachern“ vorgegeben werden. Höre nicht auf dein Bauchgefühl, sondern mach allein von deinem Verstand Gebrauch, denn du kannst nur das sein, worüber du dir, laut ihm, ununterbrochen Gedanken machen solltest. Wer auch nur ein bisschen in seiner Mitte ist, weiß zwar, dass er all das nicht sein kann, aber diese Sichtweise wird verhältnismäßig nicht von vielen geteilt. Außerdem verschwimmt die Grenze zwischen dem Verstand an sich und dem, was wir tun, um seine Bedürfnisse zu befriedigen. Wir verlieren die Übersicht, handeln weniger intuitiv und „funktionieren“ immer mehr. Ähnlich wie in einer zwischenmenschlichen Liebesbeziehung, in der man sich zu sehr an den Partner angeglichen hat, passen wir uns schon sehr früh unserem Verstand an. Wir richten unser komplettes Dasein nach ihm und seinen Ideen aus. So sehr, dass wir gar nicht mehr daran denken, ein eigener Mensch mit individuellen Vorstellungen zu sein. Das bist du und das darfst du dir gerne öfter bewusst machen. Ein merklicher Großteil ist bereits mit dem Verstand verschmolzen und geht vom Gegenteil aus. Dabei denkt natürlich niemand in Worten wie: „Ich bin einzig und allein mein Verstand und alles andere lehne ich konsequent ab“. Den wenigsten ist die Verschmelzung mit dem eigenen Verstand klar. Diejenigen, die es nicht wissen, wissen nicht, dass sie nicht wissen - wisse das! Das lässt sich relativ einfach aus dem Verhalten unserer Gesellschaft ableiten. Mit einem bewussten Leben im Hier und Jetzt hat das nichts zu tun. Stell dir doch bitte die Frage, ob wir wirklich nur das sind, woran uns unser Verstand denken lässt. Sind wir tatsächlich nur unsere Sorgen oder das erlebte Leid aus der Vergangenheit? Ist das überhaupt möglich? Meines Erachtens entspricht das mitnichten der Wahrheit. Du greifst zu Büchern wie diesem, also denke ich, dass du dir höchstwahrscheinlich schon darüber im Klaren bist, dass es da noch etwas gibt, dem wir vermehrt Beachtung schenken sollten. Gemeint ist unser Bewusstsein. Kaum einer von uns bekommt bereits in Kindestagen beigebracht, was wir eigentlich wirklich sind. Dabei wäre es so wichtig, damit wir Menschen uns grundlegend auf einer friedvolleren Ebene begegnen können. Wobei ich hier erwähnen möchte, dass ich selbst nicht genau weiß, ob wir nun reines Bewusstsein sind oder nicht. Ich ziehe es zwar in Betracht und gebe dir dies auch in diesem Buch weiter, aber ich liefere dir nicht die „absolute Wahrheit“, diesen Anspruch hege ich nicht.

Aber ich denke, wir sollten unseren Kindern näherbringen, dass wir wahrscheinlich nicht nur aus dem Material der physischen Welt gemacht sind, sondern, dass wir vermutlich eine Seele sind, welche unserem Körper das Leben einhaucht. Ich denke auch, dass es in diesem Leben darum geht, uns zu entfalten und dem eigenen Bewusstsein die Möglichkeit zu geben, sich auf dieser Ebene zu zeigen. Meiner Empfindung nach sollten wir mehr Vertrauen ins Leben haben und wissen, dass unser Leben gelebt werden will. Niemand von uns hat die absolute Wahrheit, welche er den anderen lehren muss, damit dieser endlich glücklich werden kann. Glück ist eine Entscheidung. Was es mit der Wahrheit hinter all dem, was wir als Mensch begreifen können, auf sich hat, das kann sich uns nur auf einer nichtphysischen Ebene zeigen. Das Schöne ist doch, dass wir ein Teil von etwas sind, das so groß ist, dass wir es nicht verstehen können. Wenn wir akzeptieren, dass wir es nicht verstehen müssen, zumindest nicht mit unserem Verstand, können wir die Gegenwart so annehmen, wie sie ist und unser Leben auf dieser Ebene genussvoll erfahren. Ich stelle mir vor, dass Bewusstsein immer sein wird, aber wir ein Leben auf dieser Erde, in diesem Frequenzbereich, vielleicht nur einmal leben. Ob das so ist, weiß ich nicht. Aber, wenn es so ist, dann hast du es in vollen Zügen genossen, vorausgesetzt du liebst und lebst den Moment in deiner friedvollen Gegenwärtigkeit. Ab meinem 13. Lebensjahr fragte ich mich fortlaufend, was, wer, wo, ob und, wenn ja, warum wir eigentlich sind. Eine eindeutige Antwort steht nach wie vor aus. Ich habe einige Ideen,

Gedanken und Meinungen zu diesem Themengebiet erfahren, aber würde nicht behaupten, dass ich weiß, was wir nun tatsächlich sind, falls wir überhaupt sind. Natürlich habe ich, genauso wie du, gewisse Sehnsüchte und Wunschvorstellungen. Die Idee, dass wir reines Bewusstsein sind und einen Körper haben, klingt wahrlich schön. Vielleicht ist unser Menschendasein zwar kurz, aber der sogenannte Tod nur der Beginn von etwas Größerem. Vielleicht machen wir auf der Erde nur einen kurzen Zwischenstopp und reisen nachher weiter durch grandiose Sphären. Dieser Gedanke gefällt mir sehr gut und ich finde diese Idee wunderbar. Sie fühlt sich „richtig" an, aber ich weiß nicht, ob sie der Wahrheit entspricht. Im vorletzten Kapitel dieses Buches schreibe ich ein paar weitere Gedanken in diese Richtung. Was ich dir in diesem jedoch schon mitgeben kann, ist die Ansicht, dass du niemals nur dein Verstand beziehungsweise das, was er dich denken lässt, sein kannst. Ja, du hast einen Verstand, aber du bist weder er, noch die Gedanken, die er in den Raum wirft.

Das musst du unbedingt begreifen, denn das ist die Grundvoraussetzung, welche es dir ermöglicht, heute, hier und jetzt bewusst anwesend zu sein. Solange du dich mit deinem Verstand identifizierst, bist du abwesend. Dann bist du da, aber gleichzeitig weg. Ich denke, du verstehst, wie ich das meine. Verabschiede dich also von dieser Vorstellung. Sie führt dich in die Irre und verwehrt dir den Blick auf das Wesentliche. Was im Hier und Jetzt ist, kann grundsätzlich ausreichend und erfüllend sein. Das achtsame Sein im gegenwärtigen Moment kann dich im Gefühl von reinem Glück baden lassen. Wenn du es schaffst, zwischen dir (was auch immer du bist) und deinem Verstand zu differenzieren, erlangst du das Gefühl von Freiheit. Du verstehst dann unweigerlich, dass hier und jetzt, im augenblicklichen Moment, alles gut ist.

**„Die einen suchen hier, die anderen suchen da
und am Ende wird uns klar, es ist alles wunderbar."**

Unser Verstand predigt jedoch das Gegenteil. Er spiegelt nämlich nicht wider, was ist, sondern viel eher das, was seiner Meinung nach sein soll und das wiederum wurde von dir unbewusst angeordnet.

Das entspricht zwar nicht deinem Bestreben und eigentlich machst du das auch gar nicht gerne aber du machst es automatisch, weil du dich in einem Programm bewegst, welches ein anderer geschrieben hat. Du hinterfragst dein Verhalten kaum, weil es für dich so selbstverständlich ist, wie das Blinzeln mit deinen Augen. Ein sich selbst aufrechterhaltender Kreislauf also. Meistens handelt es sich dabei um quälende Probleme aus der Vergangenheit oder in die Zukunft projizierte Sorgen. Heute, hier und jetzt ist aber alles gut. Mir ist wichtig, dass du diese Aussage richtig verstehst. Im gegenwärtigen Moment zu sein bedeutet nicht, dass sich plötzlich alle Konflikte dieser Welt in Luft auflösen. Armut und Leid existieren weiterhin. Tagtäglich geschieht Grauenvolles. Es werden Kriege geführt, Existenzen vernichtet und so weiter. Es geht nicht darum, die Realität in der wir momentan leben, ignorant auszublenden. Dieser Aspekt liegt mir ganz besonders am Herzen. Immer wieder habe ich erlebt, dass Menschen einen starken Widerspruch empfinden, wenn es um das Leben im Hier und Jetzt geht. Dieser ist verständlich und berechtigt. Es gibt viele Bücher, Vorträge und Seminare, welche das Leben im Hier und Jetzt behandeln, aber es wird so gut wie nie erwähnt, dass es sich hierbei nicht um naives Ausblenden handeln soll. Wer zwischen den Zeilen lesen und zwischen den Worten hören kann, weiß das natürlich. Ich führe es dennoch explizit an, sodass du dich nicht in eine künstliche Filterblase begibst und den Boden unter deinen Füßen verlierst. In vielen Fällen führt die Ablehnung der Realität zu Desorientierung, worauf ein noch tieferes Gefühl von Leere folgt. Wenn ich mit Leuten spreche, die sich gerade auf den Weg zu mehr Bewusstheit begeben, füge ich diesen Punkt immer hinzu. Ich finde ihn immens wichtig und möchte ihn nicht unausgesprochen lassen. Das Ziel besteht nicht darin, sich die rosarote Brille aufzusetzen und nur noch auf einer Welle aus Licht und Liebe zu surfen. Es geht darum, Ruhe zu erfahren, um aus ihr zu schöpfen. In ihr liegt bekanntlich die Kraft. Ja, jetzt gerade passieren Dinge, die du jetzt gerade nicht verhindern kannst. Trotzdem kannst und solltest du dich besinnen und mit voller Achtsamkeit ins Hier und Jetzt kommen. Das eine schließt das andere nicht aus. Du kannst dir sehr wohl über die verbreitete Ungerechtigkeit bewusst sein und zeitgleich Ruhe bewahren. Leicht ist es nicht, da uns die offensichtlichen Missstände berühren, aber durch wiederholtes Training ist es definitiv möglich. Es ist nicht nur möglich, sondern absolut notwendig, wenn du die Welt wirklich zum Positiven verändern möchtest.

Auf dein maximales Potential kannst du nur zugreifen, wenn du deine Kraft aus der Ruhe beziehst. Wer sich nicht mehr mit seinem Verstand und dessen Gedankenauswürfen identifiziert, ist allgemein entspannter und kann auf das unmittelbare Geschehen präzise einwirken. Weder in der Vergangenheit, noch in der Zukunft gedanklich zu verharren, verändert dein Leben und die Welt zum Positiven. Lediglich die Standfestigkeit im gegenwärtigen Moment und die bedingungslose Annahme dessen, sind das Fundament echter Veränderung auf allen Ebenen. Daher sind schon mal zwei

Dinge essenziell: Erstens musst du zwischen dir und deinem Verstand samt Gedankenchaos differenzieren und zweitens sollst du unbedingt wissen, weshalb das so wichtig ist. Wenn dir das Unterscheiden gelingt, wird sich deine Denkart und somit dein komplettes Leben transformieren. Dir wird das Leben nicht mehr „passieren". Du wirst es mit allen Sinnen bewusster erfahren und deine Wahrnehmung auf das Wesentliche richten. Dadurch verschaffst du dir wieder Zugang zu deinem Herzen, kannst dich selbst kennenlernen und folglich spüren, welchen Weg du eigentlich wirklich gehen möchtest. Wenn sich dieser Ausgangspunkt setzt, fängst du an, aktiv zu erschaffen. Warum ist das so? Weil sich dein Leben stets deinem Lebensgefühl anpasst. Ein Lebensgefühl, welches stetig von deinem Verstand beeinflusst wird, wirkt gegen die ganzheitliche Weiterentwicklung. Auf solch einer Ebene machst du dir ständig Gedanken über die Vergangenheit oder über die Zukunft. Hinzu kommen nicht selten quälende Emotionen. Dein Verstand kann Emotionen aus der Vergangenheit reaktivieren und dir in der Gegenwart weismachen, dass es wichtig wäre, dich wiederholt davon einnehmen zu lassen. Darum ist es umso wichtiger, Ruhe zu bewahren, indem du dich eben nicht mit deinem Verstand und dessen Gedankenchaos identifizierst. Je präsenter der Verstand ist, desto mehr identifizieren wir uns mit ihm. Früher oder später fangen wir an, alles zu glauben, was er uns erzählt. Er ist vor allem so überzeugend, weil er uns im zeitlichen Konstrukt festhält. Gedanklich verweilen wir so gut wie nie im Hier und Jetzt, sondern stets in der Vergangenheit oder in der Zukunft. Wir schenken der Gegenwart kaum Aufmerksamkeit. Der gegenwärtige Moment ist zwar da, aber wir erlauben uns nicht, ihn anzunehmen. Wir halten ihm quasi die Tür zu und durchwühlen die Vergangenheit in der Hoffnung, ein neues Selbstbild zu finden, welches uns eine greifbare Identität verschaffen soll und sich mit unseren quälenden Emotionen deckt.

„Wenn wir uns frei machen von dem, was der Verstand uns glauben lässt, reifen wir innerlich und halten nicht mehr nur im Außen fest. Das Leben kann schön sein und faszinieren, so wie ein Taubennest. Genieß' den jetzigen Moment und wirke somit auf den Rest."

Wir suchen nach einem passenden Selbstbild, weil wir unser wahres Selbst ununterbrochen unterdrücken. Wir denken gerne an vergangene Probleme und reden uns dann ein, dass wir das sind, was wir erlebt haben. Ein weit verbreiteter Spruch: „Mein Leben hat mich zu dem gemacht, was ich heute bin". Das ist natürlich Schwachsinn. Wir sind uns darüber einig, dass uns die jeweiligen Lebensumstände prägen und uns in gewisser Weise formen. Unsere Kindheit ist auschlaggebend, klar. Aber je mehr wir uns einreden, dass wir das sind, was wir ge- und erlebt haben, desto geringer ist die Wahrscheinlichkeit, dass wir uns grundlegend neu orientieren, um endlich freier und glücklicher zu werden. Wir müssen unser künstlich erschaffenes Selbstbild hinterfragen und so früh wie möglich loswerden, um herauszufinden, was wir wirklich aus unserem Leben machen wollen. Dein Verstand möchte dir aber genau das Gegenteil erzählen. Laut ihm solltest du dich stets an den vergangenen Schmerz erinnern. An traurige Momente, Verluste, Erfahrungen und Niederlagen sollst du andauernd denken. Das ist sein Ziel, weil er von deinen Ängsten lebt. Er könnte auch anders, aber er wurde nun mal so programmiert und dementsprechend funktioniert er noch. Hierbei sei erwähnt, dass nicht der Verstand an sich das grundlegende Übel ist, sondern die Aufgabe welche wir ihm die ganze Zeit über zugetragen haben, weil es uns wiederum nicht anders beigebracht wurde. Unser Verstand ist, wie der Mensch selbst, zu allem fähig, wenn man ihn darauf konditioniert. Bei deinem falschen Selbstbild geht es um seine antrainierte Kontrollsucht. Dein Verstand will unbedingt, dass du dich mit deiner Vergangenheit identifizierst. Ein verschwommenes, unreales Selbstbild kommt ihm daher mehr als gelegen. Er möchte beruhigt davon ausgehen können, dass du ihm ohne Weiteres am Leben hältst, indem du ängstlich bist und dir ununterbrochen limitierende Gedanken machst. Die Vorstellung darüber, dass du herausfinden könntest, dass du mehr bist als nur dein Verstand und dessen Gedankenchaos, bereitet ihm Unbehagen. Er befürchtet, nicht mehr gebraucht zu werden und versucht dich mit Ängsten bei sich zu behalten. Dabei lässt er dich auch gerne in der Zukunft nach Sorgen suchen. Wenn dich deine Vergangenheit nicht mehr genügend packt, bietet er dir an, in der Zukunft nach Sorgen zu suchen. Hauptsache du kommst nicht in den Genuss des gegenwärtigen Moments.

„Such' nach Sorgen in der Zukunft, denk' an das, was dich verletzt. Such' im Gestern und im Morgen und sei nicht im Hier und Jetzt"

Wir suchen nach einer Identität aber wir werden nicht wirklich fündig. Es fühlt sich vielleicht so an, aber das vom Verstand erschaffene Spiegelbild trügt, weil wir nicht unsere Vergangenheit sind. Ein derartiges Selbstbild gleicht nicht unserem Selbst, sondern eher unserem Verstand. Du kannst jedoch weder dein Verstand noch deine Vergangenheit sein ergo wirst du nichts finden, was deinem wahren Sein entspricht. Dein Selbstbild ist demnach ein falsches, solange es das Resultat irreführender Gedanken ist. Ähnlich verhält es sich mit der gedanklichen Blockade in Bezug auf die Zukunft. Wir sehnen uns nach der Erlösung, welche sie herbeiführen soll aber in Wirklichkeit klammern wir uns an Illusionen, die nur in unserer Vorstellung existieren. Mit der wahrhaftigen Gegenwart haben sie nichts zu tun. Diese Illusionen liefert lediglich unser Verstand. Er möchte sie an unser Selbstbild koppeln. Aus Gewohnheit glauben wir ihm, ohne zu hinterfragen. All die Emotionen und Gedanken, die wir uns immer wieder in Erinnerung rufen, verfestigen sich mit der Zeit und kreieren ein falsches Selbstbild. Daher sollten wir achtsamer sein und uns nicht von Emotionen überfluten lassen. Schon gar nicht, wenn der Absender unser Verstand ist. Denken wir an eine negative Erfahrung aus unserer Vergangenheit, in der wir uns zum Beispiel minderwertig gefühlt haben, dann vergegenwärtigt unser Verstand diese Erinnerung, mitsamt ihren Emotionen. Er lässt sie wiederholt aufkochen und wir verwechseln das dramatische Spektakel dann mit der Gegenwart. Klar, wenn dies geschieht, dann fühlst du deine Emotionen auch in der Gegenwart. Aber diese sind veraltet und haben in den meisten Fällen nichts im Hier und Jetzt zu suchen. Es ist eine Sache, an einen geliebten Mitmenschen zu denken, den wir einst verloren haben. Das ist legitim, denn wir sind Menschen und die Liebe verbindet uns eben. Eine andere Sache ist es aber, wenn wir uns hier und jetzt limitierende Gedanken über Entscheidungen machen, welche wir irgendwann einmal getroffen haben.

Hast du einen tollen Arbeitsplatz verloren? Hast du große Fehler gemacht? Wurdest du in der Vergangenheit verletzt? Hast du jemandem wehgetan? Blickst du auf eine turbulente Geschichte zurück? Jeder von uns hat schmerzliche Erfahrungen gemacht. Der eine mehr, der andere weniger aber grundsätzlich sollte hier, heute und jetzt kein Platz für alte Erinnerungen sein, sofern sie dich blockieren. Auch schöne Erinnerungen sind nicht erforderlich, um in der Gegenwart glücklich zu sein. Natürlich fühlen sie sich weitaus besser an und sind vollkommen ok, weil sie dich nicht primär bei deiner individuellen Entfaltung aufhalten, sofern du dich auch nicht mit ihnen identifizierst. Viel eher können sie dich sogar anschubsen und in Schwung bringen. Im Grunde sind sie jedoch genauso irrelevant, wenn es darum geht, mit allen Sinnen im Hier und Jetzt zu sein. Unser Verstand versucht eine giftige Symbiose mit uns aufzubauen, damit wir nicht mehr zwischen ihm und uns als Individuum unterscheiden können. Dem auszuweichen stellt sich wahrlich als schwierige Herausforderung dar. Von seiner Idee sind wir nämlich angetan, weil er uns verspricht, für all unsere Probleme eine logische Erklärung parat zu haben. Diese hilft uns zwar nicht wirklich weiter, aber sie gibt uns wenigstens kurz das Gefühl, dass wir richtig liegen, wenn wir feststellen, dass gerade alles schlecht läuft. Je niedriger unser Selbstvertrauen, desto eher lassen wir uns verführen. Sind wir nicht in unserer Kraft, wachsen uns Probleme über den Kopf. Passiert dies immer und immer wieder, sind wir also zu sehr in unserem Verstand, erhält er die Macht über uns und kreiert in unserem Unterbewusstsein nach und nach ein falsches Selbstbild. Er liegt sozusagen auf der Lauer und genau dann, wenn wir überfordert sind und keinen Ausweg mehr sehen, sind wir gewillt mit ihm zu verschmelzen. Wir suchen dann nämlich nach jemandem, der uns unser Leid bestätigt. In Wahrheit wollen wir das gar nicht, aber wenn das Stresslevel, welches durch andauernde Konfrontation mit altem Schmerz und Ängsten aufrechterhalten wird, eine gewisse Grenze überschritten hat und uns alles zu viel ist, suchen wir nach jemanden, der uns versteht. Natürlich wissen wir, dass wir uns weiterhin auf die Lösung konzentrieren sollten. Uns ist bewusst, dass es keinen Sinn macht, endlos zu jammern. Dennoch haben wir in so einer Phase das Bedürfnis zu trotzen. Wir denken darüber nach, endgültig zu kapitulieren und wollen lange trauern, jammern, meckern, uns selbst bemitleiden, die Arme verschränken und so weiter. Vielleicht kann es helfen, wenn wir kurzzeitig in eine trotzige Phase fallen. Sie kann als kurze Auszeit verstanden werden. Ähnlich wie bei einer anstrengenden Bergwanderung, bei der du nach einigen Stunden eine Pause einlegst und dich einfach nur über den holprigen Weg aufregst. In Wahrheit liebst du ihn, sonst hättest du ihn ja nicht auf dich genommen, aber um mit voller Kraft und Motivation weiterzuwandern, brauchst du möglicherweise einen Ausgleich dieser oder ähnlicher Art. Das ist vollkommen legitim, denn wir Menschen brauchen unbedingt regelmäßige Pausen, um geistig und körperlich gesund zu bleiben. Was der Verstand jedoch anstrebt, ist etwas völlig anderes. Er möchte die Pause zum Dauerzustand machen, sodass dir kaum etwas anderes bleibt, als ihm die volle Kontrolle zu überlassen. Machst du dir häufig Sorgen, freut er sich, denn dein stetiges Gedankenchaos ist sein Anker! Sobald du in diesen Strudel gerätst, kann es ziemlich schwer werden, da wieder raus zu kommen. Mittendrin fängst du nämlich an zu glauben, dass du deine Probleme nur noch mit deinem Verstand lösen kannst. Dabei entgeht dir, dass er es war, der dir deine Sorgen, Ängste und so weiter erst bestätigt hat. Den Strudel hast du erschaffen und das an sich wäre noch harmlos, weil so ein Problem relativ einfach zu bewältigen wäre. Aber deinen Verstand hast du quasi darum gebeten, dich hineinzuziehen. Wir wissen, dass wir Probleme niemals mit derselben Denkweise lösen, durch die sie entstanden sind. Das soll Albert Einstein einst gesagt haben. Unser Verstand möchte uns aber genau das weismachen. Wenn du dir vorstellst, dass du vor dem Kamin sitzt und plötzlich Feuer fängst, weil du zu nah dran gesessen bist, greifst du dann eher zum Wasserkübel oder zur Streichholzschachtel? Versuchst du das Feuer mit einer großen Decke zu ersticken oder machst du noch einen Schritt näher zum gemütlichen Kamin? Ein kitschiges Beispiel, oder? Es bringt jedoch den Twist mit deinem Verstand auf den Punkt. Er bietet dir an, einen Brand zu legen und nachdem du sein Angebot annimmst, fordert er dich ununterbrochen dazu auf, diesen mit Feuer zu bekämpfen. Das wird natürlich nie funktionieren und das weißt du eigentlich auch, aber dein Blick für das Wesentliche ist getrübt und du bist allgemein verunsichert. Im Strudel wird deine Wahrnehmung dermaßen vernebelt, dass du dich nur noch auf das Problem fokussierst. Die Lösung ist außerhalb deines Blickfeldes, obwohl sie sich vielleicht direkt vor deiner Nase befindet. Mach dir also immer wieder klar, dass du das Problem deines Verstandes nicht mit deinem Verstand lösen kannst. Diese Herangehensweise lässt die meisten Menschen in kleinen Kreisen umherirren. Erst wenn du erkennst, dass dein falsch trainierter Verstand die Basis für deine Unbewusstheit ist, kannst du das Problem lösen und dann gibt es auch nicht mehr viel zu erlernen oder zu verstehen. Denn mit dieser Erkenntnis trittst du ruckartig aus deinem Verstand heraus. Sobald du tatsächlich begriffen hast, dass du nicht dein Verstand bist, befindest du dich unweigerlich in der friedvollen Gegenwart. Vergiss dabei nicht, dass du ihn nicht komplett verlierst oder ihn ablehnst. Du wirst ihn lediglich anders, richtig, gesund und sinnvoll verwenden. Mit deinem neuen Wissensstand kannst du mit ihm interagieren, ohne dich von ihm einnehmen zu lassen.

Verstehe mich bitte richtig: Dein Verstand an sich ist nicht das Problem. Das Problem ist eher, dass wir uns zu oft in ihm suchen. In ihm werden wir aber nicht finden, was wir sind. Warum? Weil der falsch trainierte Verstand entweder in der Vergangenheit verweilt oder in der Zukunft. Beides kannst du niemals sein und deswegen findest du nichts, was deinem wahren Sein entspricht. Was du höchstens finden wirst, ist ein falsches Selbstbild, bestehend aus Erfahrungen und Schmerzen aus der Vergangenheit und Sorgen und Ängsten die Zukunft betreffend – ein trügerisches Selbstbild. Gelingt es dir im Hier und Jetzt zu sein, bist du dir selbst so nah, wie du sein kannst. Du bist grundlegend gut und genug, genauso wie es der gegenwärtige Moment auch ist. Das trügerische Selbstbild macht dich ungesund, denn wenn du dieses für dein wahres Sein hältst, kann es dich dein ganzes Leben lang navigieren. Es kann enormes Leid in dir auslösen und dir ein Gefühl von Unvollständigkeit und Unerfülltheit bescheren. Dein falsches Selbstbild sucht pausenlos nach Leid, denn es fühlt sich von deinem wahren Sein bedroht und bildet sozusagen einen Ersatz, eine mangelhafte Kopie davon. Ihr Auftrag besteht quasi darin, dich von deiner wahren Natur abzulenken und das geht am besten, indem es dich mit Problemen und Sorgen überhäuft, welche du ernst nimmst und glaubst schlichten und meistern zu müssen. Was braucht dein falsches Selbstbild, um Leid aufrechtzuerhalten? Richtig, deinen Verstand. Er bestätigt deine destruktiven Gedanken nämlich, wenn du das wie gewohnt verlangst. Das macht er ohne Weiteres, wann immer du willst. Das bedeutet also folgendes: Wenn du deinem Leid, deinem Schmerz und deinen sonstigen Sorgen ein Ende setzen möchtest, um dein neues Leben in der friedvollen Gegenwart zu leben, solltest du das niemals primär mit deinem Verstand versuchen. Es wird dir nicht gelingen. Du wirst den Brand nicht mit Feuer löschen können. Differenziere zwischen deinem Verstand und dir. Ja, du hast einen Verstand und das ist per se eine gute Nachricht. Um heute, hier und jetzt anwesend zu sein, solltest du jedoch den richtigen Abstand zu ihm herstellen, eine klare Grenze ziehen. Heutzutage scheint das relativ schwierig zu sein, da wir schon unheimlich tief mit unserem Verstand verstrickt sind. Gefühlt verläuft die Zeit immer schneller, der Alltag gestaltet sich hektischer und generell scheint sich die Negativität in Höchstgeschwindigkeit zu verbreiten. Doch gerade deswegen sollten wir uns besinnen. Genau hier und jetzt ist der richtige Zeitpunkt, um ins Hier und Jetzt zu kommen. Die Uhr tickt schnell, wenn wir das möchten. Zeit ist nun mal relativ und wirkt auf uns so, wie wir uns und unsere Umgebung wahrnehmen. Inwieweit es also sinnhaft ist, dies hauptsächlich mit unserem falsch trainierten Verstand zu tun, erklärt sich wohl von selbst.

Die gute alte Zeit ist jetzt!

Die Überschrift dieses Unterkapitels muss zweifelsohne mit einem Ausrufezeichen geschmückt werden. Anstatt uns gedanklich rückwärts zu bewegen, sollten wir heute, hier und jetzt bewusst jene Erinnerungen erschaffen, über die wir später einmal mit Freude reden werden. Später beißen wir uns nämlich nicht wegen der Dinge, die wir getan haben, sondern wegen den Möglichkeiten, die wir ausgelassen haben in den Hintern.

Du hast genau jetzt gerade, in diesem Moment, die Möglichkeit, glücklich zu sein. Eine gewagte Behauptung? Falls ja, spricht da schon wieder der pessimistische Verstand aus dir. Er hegt nicht nur Zweifel und ist skeptisch, sondern lehnt dieses Angebot reflexartig ab. Du hingegen bist in Wirklichkeit neugierig, sonst würdest du dieses Buch nicht lesen. Was hältst du vom folgenden Vorschlag? Du vergisst einfach mal die Zeit, und zwar jetzt gleich. Bist du offen für eine spontane Übung? Damit kannst du dir selbst beweisen, wie wichtig es dir tatsächlich ist, ins Hier und Jetzt zu kommen. Nun fragst du dich vermutlich, wie das gehen soll. Um ins Hier und Jetzt zu kommen ist es hilfreich, wenn du die Zeit einfach mal ausblendest, indem du dich nicht in ihrem Konstrukt bewegst. Schauen wir nun kurz, wie ernst es dir mit dem Leben im Hier und Jetzt ist. Dafür musst du nur eine kleine Übung mitmachen. Sie ist ganz einfach und kommt spontan, aber an der ehrlichen Ausführung kannst du deine wahre Intention erkennen. Versuche es, ohne zu schummeln, lies und befolge nur noch den folgenden Satz, der die Übung bereits beinhaltet! Nach dem Lesen dieses Satzes denkst du nicht nach, legst das Buch sofort, ruckartig, ohne zu zögern weg, schaust die nächsten 7 Minuten nicht auf die Uhr (egal, wo du gerade bist) und kommst erst dann wieder zurück, wenn sie gefühlt vergangen sind.

Blättere erst nach der Übung um.

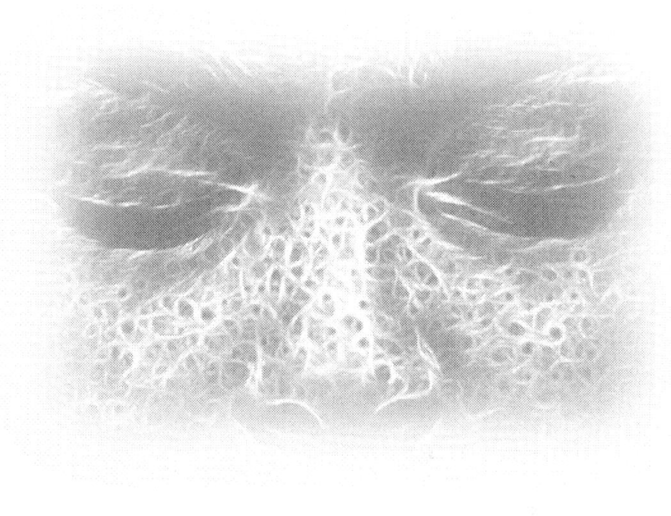

Übe dich in Geduld.

Ok, ich unterstelle dir einfach mal, dass du die Übung mitgemacht hast. Woran hast du in den letzten 7 Minuten gedacht? Worauf hast du deine Aufmerksamkeit gerichtet? Was hast du in den letzten 7 Minuten alles wahrgenommen? Zähle 7 Dinge auf, welche dir in Erinnerung geblieben sind. Um die Effizienz der Übung zu verstärken, kannst du sie auch gerne mit einem Stift niederschreiben.

Wenn du das getan hast, lies dir deine Liste durch und frag dich, ob du gedanklich in der Zeit gefangen warst, während du die Dinge wahrgenommen hast. Höchstwahrscheinlich wirst du verneinen, denn in dem Moment, indem du dich zum Beispiel auf die Schuhe deines Sitznachbarn in der U-Bahn konzentrierst, machst du genau das und nichts anderes. Vielleicht denkst du über die Farbe und die Größe der Schuhe nach aber grundsätzlich gilt deine Aufmerksamkeit den Schuhen und somit dem Hier und Jetzt. Natürlich gibt es die Möglichkeit, sich Schuhe anzuschauen und gleichzeitig an den kommenden Termin beim Zahnarzt zu denken. Ja, das ist sogar weit verbreitet, aber genau das ist der Punkt! Wir erachten es als völlig normal, dass wir uns in kürzester Zeit zehn verschiedene Gedanken machen, obwohl wir hier und jetzt nur einen bräuchten, um bewusst da zu sein. Mittlerweile ist es gängig, mit der einen Hand seine Benachrichtigungen auf dem Handy zu checken während mit der anderen gegessen wird. Nebenbei „unterhalten" wir uns mit unserem Gegenüber und denken dabei ununterbrochen über eine bevorstehende Prüfung und einen weiteren Termin am Wochenende nach. Am Ende haben wir zwar alles irgendwie gemacht oder, um es treffender auszudrücken „erledigt“, aber nichts davon so wirklich erlebt. Mit einfachen Übungen wie jener von eben kannst du dem konsequent entgegenwirken. Wiederhole sie gerne öfter. Du wirst bemerken, dass sich deine Bewusstheit schärft. Außerdem wird sich deine natürliche Einschätzung von Zeit, dein innerer Kompass, wenn du so willst, mit der tatsächlichen Uhrzeit decken. Das Verlangen danach, jede zweite Minute einen Blick auf die Uhr, dein Handy und so weiter zu werfen, wird Schritt für Schritt sinken. Ich bin zwar für rasche Weiterentwicklung und denke, dass wir den technischen Fortschritt im höchsten Ausmaß vorantreiben und für uns nutzen sollten. Keinesfalls erachte ich die Entwicklung so pessimistisch wie manch einer, wenn man sich so umhört. Es ist jedoch der mitunter teilweise unmenschliche Umgang mit der selbst erschaffenen Technik, der uns schaden kann. Wollen wir in der friedvollen Gegenwart leben, müssen wir aber auch in diesem Bereich viel bewusster werden. Ansonsten verlieren wir wertvolle Lebenszeit, ohne es zu bemerken. Dabei ist zu erwähnen, dass sich die tatsächliche Lebenszeit vom gängigen Zeit-Modell deines Verstandes unterscheidet. Das ist ein weiterer, wichtiger Punkt. Der Verstand ist abhängig von Zeit und verheddert sich darin, wenn du ihn ununterbrochen damit fütterst. Er kann nur bestehen, solange du die Idee von Zeit in deinem Kopf behältst. Geisteshaltungen wie: „Morgen um 12 Uhr, kaufe ich mir dieses T-Shirt, damit ich mich wieder ein bisschen glücklicher fühle“ oder „Im Sommer wird es mir bestimmt besser gehen, weil ich dann dies und jenes besitzen werde“, entsprechen dem zeitlichen Irrgarten, der uns die Fülle des Lebens nicht sehen lässt. Wenn die Zeit als „Unterstützer“ des Verstandes allerdings wegfällt, kann der Verstand nicht mit seinem Chaos fortfahren und dann hast du die Möglichkeit, das Gegenwärtige zu erleben. Alles, was du tun musst, ist die Zeit nicht mit deinem Verstand wahrzunehmen. Du kannst dich auf das Hier und Jetzt konzentrieren, wenn du einsiehst, dass Zeit sowieso verläuft. Vergleiche es mit deiner Atmung im ganz normalen Alltag. Du achtest nicht bewusst darauf, dennoch atmest du 24 Stunden am Tag. Nun kannst du dies akzeptieren und deine Aufmerksamkeit auf deine Erlebnisse, dein sonstiges Tun richten. Du kannst dich aber auch ununterbrochen auf deine Atmung konzentrieren und dich somit verrückt machen. Wir sind uns wahrscheinlich darüber einig, dass das keine gute Idee ist. Du wärst dauerhaft vom Hier und Jetzt abgeschieden und würdest die Umgebung kaum bewusst wahrnehmen. Dein Leben würde an dir vorbeiziehen, wenn deine Konzentration nur noch deiner Atmung gälte. Genau dasselbe passiert, wenn du dich mit deinem Verstand auf die Zeit fokussierst. Sie ist zwar da (wie deine Atmung) aber du solltest dich nicht darauf fixieren. Es ist von Vorteil, wenn du dich von der gewohnten Idee von Zeit ein Stück weit verabschiedest. Versuche die Idee von Zeit zu relativieren. Nun stellst du dir vermutlich die Frage, wie das gehen soll. Wie soll ein Leben ohne Zeit überhaupt funktionieren? Ohne Zeit würde man sich ja gar keine Ziele mehr setzen und wer bin ich, wenn ich meine

Vergangenheit nicht ständig in die Gegenwart hole?

Mach dir bitte Folgendes bewusst:

Je mehr du der Zeit hinterherjagst, desto mehr verpasst du, was jetzt ist. Und das Jetzt ist das einzige, was es tatsächlich gibt. Dein Leben hat sich bisher immer in der Gegenwart abgespielt und das wird auch immer so sein. Oder gab es in deinem Leben jemals eine Zeit, in der es nicht „jetzt" war?

Dein Denken, Fühlen und Handeln geschieht immer im Jetzt, deine Vergangenheit allerdings nicht. Deine Vergangenheit ist nur eine Erinnerung an ein Jetzt aus der früheren Zeit. Das war nie anders! Du holst diese Erinnerung also in deinen Verstand und dadurch in die Gegenwart. Somit geschieht es für dich gefühlt im Jetzt. In Wahrheit handelt es sich dabei aber nur um ein vergangenes Jetzt, welches in der gegenwärtigen Realität nicht mehr existieren kann. Mit der üblichen Betrachtung von Zeit kannst du das aber so nicht erfassen. Deswegen solltest du deine Betrachtungsweise diesbezüglich vergessen beziehungsweise deine Perspektive ändern. Du kannst deinen Verstand an die Hand nehmen und ihm die neue Betrachtung von Zeit langsam näherbringen. Er wird sich wehren und vehement streiken. Hier und da wird er die üblichen Probleme aufzeigen und dich um deine komplette Aufmerksamkeit bitten. Da es sich beim Verabschieden der veralteten Idee von Zeit um einen Prozess handelt, wirst du wahrscheinlich ein paar Anläufe brauchen. Das ist nicht schlimm, wenn man bedenkt, wie lange du dich bereits verbissen „auf deine Atmung“ (stellvertretend für die Vergangenheit und Zukunft) fixiert hast. Mach dir selbst keinen unnötigen Stress. Geh das Ganze eher locker und freudig an. Du wirst definitiv Fortschritte machen, wenn du konsequent dranbleibst. Sukzessive verändert sich deine Idee von Zeit. Mach dir so oft wie möglich klar, dass jeder Moment deines bisherigen Lebens ausschließlich im Jetzt geschah. Ganz gleich welche Erinnerungen du hast, jede einzelne davon ist ein vergangener Jetzt-Moment. Das musst du deinem Verstand unbedingt beibringen. Transformiert sich nämlich dein Verstand, steht der Gegenwärtigkeit grundsätzlich nichts mehr im Wege. Der Verstand wird zum Sein und die Zeit wird zum Jetzt. Da hier alles gleichzeitig zusammenfließt, ist auch die Entwicklung dahin keine, wo man jeden einzelnen Schritt erklären oder anleiten kann. Sie ist wie der Weg, der erst entsteht, wenn wir ihn gehen – also ein Prozess. Ich beschreibe diesen Weg gerne so: Er ist nicht leicht, aber dafür ist er einfach. Der Moment, in dem alles zusammenfließt, ist jener, in dem wir uns plötzlich lebendig fühlen und sich alle Probleme demaskieren. Der Schritt dahin verhält sich ein bisschen wie mit der Liebe des Lebens. Suchen wir akribisch danach, bleiben wir alleine. Wir werden erst fündig, wenn wir aufhören zu suchen und uns dem Leben zuversichtlich hingeben. Die Idee von Zeit also krampfhaft zu vergessen wird dir nicht gelingen. Das käme wieder der Handlungsweise deines ängstlichen Verstandes gleich. Viel eher solltest du dir erstmal schlicht und einfach bewusst machen, dass die übliche Vorstellung von Zeit der Grundstein für viele Konflikte ist. Allein durch das Hinterfragen dieser scheinbar gegebenen Idee setzt sich vieles in Bewegung und das wirst du definitiv spüren. Viele machen diese Erfahrung mehrmals im Laufe ihres Lebens und berichten von einem befreienden Gefühl, welches sie nicht gezielt einer Kategorie zuordnen können. Ein befreiendes, welches alle Sorgen und Probleme regelrecht überdeckt. Dass sie vielleicht einfach nur im Hier und Jetzt angekommen sind, bedenken sie dabei nicht, weil sie von dieser Thematik noch nicht genug gehört haben.

Solche Jetzt-Momente erleben wir manchmal ganz von selbst, wenn wir zum Beispiel in einer gefährlichen Situation sind. Dann zählt für uns nur das Jetzt und sowohl die Vergangenheit als auch die Zukunft weichen blitzartig zur Seite. In solch einem Moment sind wir frei von unseren alltäglichen Sorgen und fühlen uns lebendig. Das ist auch der Grund, warum sich viele Menschen gerne in gefährliche Situationen bringen, sei es beim ungesicherten Klettern, dem „Freeclimbing", oder beim Motorradfahren. Ein Pazifist hat mir mal von seiner Liebe zum Boxsport erzählt. Als Schauspieler betritt er Bühnen in Österreich, Italien und in der Schweiz. Sein Alltag gestaltet sich dadurch sehr stressig. Ein ständiges Hin und Her lässt Niko kaum zur Ruhe kommen. Er macht es dennoch gerne und sorgt mit regelmäßigen Urlauben im sonnigen Erdteil für einen angenehmen Ausgleich. Bei einem sechswöchigen Trip durch

Thailand entdeckte Niko seine Faszination für den Boxsport. Auf einer Insel blieb er eine Woche lang, um an einem Bewusstseins-Kongress teilzunehmen, welcher das Boxen am Vormittag im Programm hatte. Niko beschäftigte sich zu dieser Zeit intensiv mit dem Sprengen seiner eigenen, mentalen Grenzen und bewog sich dazu, an einem Boxtraining teilzunehmen. Er stieg mutig in den Ring, stellte sich einer seiner größten Ängste und konnte es selbst kaum glauben, als er bemerkte, wie viel Spaß er dabei hatte. Niko erzählte, dass diese Überwindung ein wertvolles Schlüsselerlebnis war. Niemals zuvor hat er sich so präsent gefühlt, so lebendig. Er schildert, dass er sich und das Leben anders gespürt hat als jemals zuvor. Außer seinem Trainer und ihm gab es rundherum nichts, an das er denken konnte. Es war ihm nicht nur nicht möglich, weil er gefordert war, er hat es schlichtweg vergessen. Es blieb ihm nichts anderes übrig, als da zu sein, sich auf das zu fokussieren, was hier und jetzt ist. Diese Erfahrung hat Nikos Leben für immer verändert, ihm eine neue Sicht auf alles gegeben. Er hat es geschafft, den Fokus, welchen er im Ring haben muss, in seinen Alltag mitzunehmen. Gespräche führt er seither gelassener, konzentrierter und dadurch intensiver. Das, durch seine schauspielerische Tätigkeit verursachte, Stresslevel ist allgemein gesunken und das erleichtert ihn enorm. Ich staunte, als er mir all das mit strahlenden Augen erzählte. Eine interessante Geschichte, vor allem weil Niko es durch die Konfrontation mit einer seiner größten Ängste geschafft hat, ins Hier und Jetzt zu kommen. Hinzu kommt, dass das gar nicht seine ursprüngliche Intention war. Sportliche Aktivität kann uns dabei unterstützen, in unsere Gegenwärtigkeit zu kommen. Sportarten wie Klettern oder Reitsport erfordern ein hohes Maß an Konzentration, da bereits kleinste Unaufmerksamkeiten unschöne Folgen haben können. Gewiss gibt es Menschen, die einen stärkeren Anreiz brauchen. Sie trachten danach, das Leben zu spüren und begeben sich dafür absichtlich in lebensgefährliche Situationen. Diese zwingen sie dazu, im Jetzt zu sein. Manche werden sogar regelrecht süchtig nach dem Gefühl „endlich am Leben zu sein“. Aber das Gute ist, dass wir uns nicht in solch gefährliche Situationen bringen müssen, um dieses Gefühl zu erlangen. Du kannst es dir jederzeit holen, wenn du es schaffst, für einen Moment in Abwesenheit der Zeit zu sein. Die Wahrheit, welche du hierfür unbedingt verinnerlichen musst, ist, dass jedes Erlebnis, jeder Moment, jede Szene aus deiner Vergangenheit ausschließlich im Jetzt geschah. Du kannst dich immer nur an ein vergangenes Jetzt erinnern oder auf ein kommendes Jetzt freuen. Warum ist das so? Weil außer der Gegenwart nichts existieren kann. Schau mal, ich schreibe dieses Buch im Hier und Jetzt und später wirst du es im Hier und Jetzt lesen, verstehst du? Anders ist das gar nicht möglich. Machst du dir bewusst, dass sich dein Leben immer und ohne Ausnahme im Jetzt abgespielt hat, es sich im Jetzt abspielt und sich im Jetzt abspielen wird, verändert sich deine Wahrnehmung von Zeit gewiss. Dann sind plötzlich etliche Probleme verschwunden, weil du dich vom beengenden Gefühl, welches aus dem üblichen, beengenden Umgang mit

Zeit resultiert, befreist. Du fühlst dich frei von Sorgen und hast endlich das Gefühl, angekommen zu sein. Außerdem kannst du die Dinge plötzlich völlig ohne Erwartungen wahrnehmen und viel mehr genießen als zuvor. Dann triffst du ohne Bewertungen oder Bezeichnungen auf Dinge oder Menschen und kannst sie einfach nur annehmen, wie sie gerade sind. Dadurch kannst du wieder vom echten Leben lernen. Der Grundstein hierfür ist die Umpolung deiner Idee von Zeit. Sie wohnt in deinem Verstand und da gilt es, sie raus zu bekommen. Trotzdem bedeutet das nicht, dass du deinen Verstand nicht mehr nutzen sollst. Er ist wichtig für manche unserer alltäglichen Angelegenheiten. Jedoch sollte er nicht unser Leben leiten oder kontrollieren. Daher solltest du so oft wie möglich versuchen, deine Gewohnheit zu durchbrechen und dich hin und wieder von deiner Vergangenheit und deiner Zukunft trennen. Das machst du am besten gedanklich und zu Beginn natürlich vorsichtig. Der erste Schritt soll jener der Bewusstmachung sein. Allein das Hinterfragen leitet das zielorientierte Umdenken ein. Dafür musst du nicht aktiv grübeln und machen. Das Wissen darum, dass jeder Moment in deiner Vergangenheit einst ein Jetzt-Moment war, birgt schon sehr viel Potential zur Bewusstwerdung. Es lässt dich das Leben an sich nicht mehr so wahrnehmen wie bisher, sondern schärft deinen Blick für die wirklich wichtigen Dinge. Gepaart mit dem kritischen Hinterfragen des üblichen Zeitkonstrukts, bringt es den Stein unweigerlich ins Rollen, sodass die Reise in dein neues Leben beginnen kann. Sukzessive schirmst du dich von der gängigen Idee von Zeit ab und erreichst unweigerlich die friedvolle Gegenwart. Diese etabliert sich nach und nach als deine neue Definition von Zeit. Das Ganze ist eher ein ganzheitlicher Zustand, welchen du verinnerlichen und ohne viel darüber nachzudenken leben wirst. Worte reichen kaum, um diesen friedlichen Seins-Zustand zu definieren. Bestimmt weißt du ja, dass es einiges gibt, was man selbst erlebt haben muss, um es voll und ganz nachvollziehen zu können. Das friedvolle Sein im Hier und Jetzt gehört definitiv dazu.

KAPITEL ZWEI

Uhrzeit oder Kopf-Zeit?

Viele meinen, dass Zeit doch keine Illusion sein kann. In gewisser Weise scheint das auch richtig zu sein. Tatsache ist aber, dass der jetzige Moment alles ist, was dir je widerfahren wird. Es wird niemals eine Zeit kommen, in der du in der Vergangenheit oder in der Zukunft lebst. Du wirst immer in der Gegenwart leben. Deshalb solltest du auch so oft es geht, mit

deiner Bewusstheit in der Gegenwart sein. Wenn du das schaffst, fällt die Welt voller Probleme plötzlich wie ein Kartenhaus in sich zusammen. Dann bist du einfach nur da, hier im gegenwärtigen Moment, ohne zu viel an gestern oder an morgen zu denken. Wie du es bereits aus dem ersten Kapitel entnommen hast, sollst du die übliche Idee von Zeit vergessen beziehungsweise sie verändern, um im Hier und Jetzt zu leben.

Die Zeit sollte natürlich nicht komplett aus deinem Leben verschwinden. Klarerweise brauchst du sie, um praktische Dinge in deinem Leben zu planen oder sie mit gewisser Struktur zu vollbringen. Ja, du musst zum Beispiel auf deine Erfahrungen aus deiner Vergangenheit zurückgreifen, um einen Konflikt in der Gegenwart zu lösen. Das ist doch schön. Wo wärst du heute, wenn dir deine Lebenserfahrung nicht immer wieder dienlich gewesen wäre? Verstehst du, worauf ich hinaus möchte? Die Zeit richtig zu nutzen, das ist es, worum es gehen soll. Der gesunde Mittelweg ist es, der uns glücklich macht und uns gesund nach vorne bringt. Weder das eine Extrem, noch das andere ist von Vorteil. Das gilt in allen Lebensbereichen. Wenn du auf unschöne Zeiten zurückblickst, erkennst du, dass dabei stets irgendetwas im Ungleichgewicht war. Eine gestörte Balance war immer die Ursache. Ob im Sport, in der Liebe, bei der Ernährung oder deiner beruflichen Karriere, es ist immer der gesunde Mittelweg, der dir langfristig Freude macht und dich gesund hält. Beim Umgang mit der Zeit ist das ebenfalls so. Auch hier ist es essenziell, ein Gleichgewicht herzustellen. Hierfür solltest du zwischen zwei Arten von Zeit unterscheiden können. Und zwar der „Uhrzeit“ und der „Kopf- Zeit“. Darauf gehe ich gleich genauer ein. Wichtig ist aber auch, die Zeit an sich nicht zu leugnen. Wer glaubt, alles richtig zu machen, indem er sie ignoriert und folglich berauscht durch die Welt schwebt, läuft Gefahr, das Leben zu verpassen. Es mit all unseren Sinnen wahrnehmen zu können, ist ein Geschenk, für welches wir dankbar sein sollten. Hören, Schmecken, Riechen, Fühlen, Sehen - all das sollten wir bewusst und in tiefer Dankbarkeit leben und schätzen. Genauso alle Höhen und Tiefen, jeden Gipfel und jedes Tal. Wer sich nach mehr Freiheit sehnt, ein paar Vorträge, Bücher und Weisheiten über das Leben im Hier und Jetzt intus hat und nun hysterisch plant, aus „dem System" auszusteigen, weil er glaubt, keine Struktur zu benötigen, verpasst vielleicht mehr als er versteht.

„Stets beobachte ich still, denn in der Ruhe liegt die Kraft. Ich bin gefasst und somit der, der nun ein Gleichgewicht erschafft."

Das Leben im Jetzt ist unbestritten weltweit zum Thema geworden. In vielen Ländern ist es den Menschen ein Anliegen, Stress zu reduzieren und mehr Gelassenheit zu erlangen. Das ist legitim und im Hinblick auf unser gemeinsames Dasein, unser Miteinander ein sinnvolles Ziel. Der sogenannte Alltagsstress, welchen wir uns übrigens selbst erschaffen, hat ein immenses Ausmaß erreicht. Das heutige Stress-Level ist zweifelsfrei extrem hoch und hat mit einem gesunden Gleichgewicht nichts mehr zu tun. Das ist in vielen Teilen der Erde so, in manchen Ländern mehr, in anderen weniger. Gerade weil das Interesse so groß ist, sollten wir bei diesem Thema aufpassen, dass es nicht falsch oder besser gesagt kontraproduktiv ausgelegt und gelebt wird. Anstatt die Zeit zu ignorieren und euphorisch ins Hier und Jetzt zu hetzen, sollten wir uns vorerst lieber mit ihr auseinandersetzen. Gemeint ist, wie bereits erwähnt, die essenzielle Unterscheidung zwischen der Uhrzeit und der Kopf-Zeit. Wenn du deinen Verstand einsetzt, um eine Aufgabe zu lösen, dann wirst du gedanklich die Erfahrung aus einer bereits vergangenen Zeit dazu abrufen und nutzen müssen. Diese Art von Zeit wird als Uhrzeit bezeichnet. Wir können sie sinnhaft nützen. Durch die Anwendung der Uhrzeit können wir nicht nur in die Zukunft planen und Termine vereinbaren, sondern auch aus den Fehlern lernen, die wir in unserer Vergangenheit begangen haben. Stell dir einen Kalender vor. Einen, der bis zu deiner Geburt zurückgeht und in dem jedes Erlebnis, jede Lektion, an jedem einzelnen Tag festgeschrieben steht. Mit der Uhrzeit kannst du gedanklich zurückreisen, um in der Gegenwart standfest zu sein. Du kannst dich an schwierige Situationen erinnern, welche du gut gemeistert hast. Daraus erworbene Fähigkeiten helfen dir vielleicht in mehreren Lebensbereichen. Auch kannst du an liebevolle Erlebnisse und Begegnungen denken und dir im Hier und Jetzt ein Lächeln ins Gesicht zaubern. Das machst du mit der Anwendung von Uhrzeit. Sie verschafft dir Struktur und diese ist mitnichten so verwerflich oder schädlich, wie es manchmal gelehrt wird. Sie kann wertvoll und hilfreich für uns sein. Das Fundament, welches wir heute für das zukünftige Jetzt bauen, ist morgen jene Vergangenheit, die uns Struktur und Halt gibt. Nicht der,

der ohne jegliche Zeit zu leben scheint, ist unendlich weise, sondern eher der, der im Hier und Jetzt für ein gesundes Gleichgewicht sorgt und dieses authentisch genießen kann. Angenommen, du machst es dir zum Ziel, ein bestimmtes Körpergewicht zu erreichen. Um erfolgreich ab- oder zuzunehmen wirst du von nun an motiviert darauf hinarbeiten. Um nicht wieder dieselben Fehler aus der Vergangenheit zu begehen, musst du sie dir aus deiner Vergangenheit ins Bewusstsein rufen, nur so kannst du aus ihnen lernen und dich folglich gezielt weiterentwickeln. Außerdem wirst du versuchen müssen, deine Zukunft vorherzubestimmen, indem du Strategien anwendest, die du in der Vergangenheit gelernt hast, beispielsweise in Seminaren, Workshops, Büchern oder einfach durch praktische Erfahrungen. Nur auf diese Weise kannst du in der Gegenwart so handeln, dass du dein Ziel in der Zukunft erreichen wirst.

Wir halten somit fest: Auch die Uhrzeit an sich ist nicht das Problem. Eher ist es die übliche Betrachtungsweise, der gewöhnliche Umgang mit ihr. Ja, du darfst an deine Vergangenheit denken. Vor allem, um dir Erinnerungen in die Gegenwart zu holen, die dir hier und jetzt dienlich sein können. Wenn du beim Blick in die Vergangenheit vermehrt unschöne Gedanken hegst, bewegt sich das logischerweise in den ungesunden Bereich. Dasselbe gilt jedoch, wenn du solche Gedanken zwanghaft zu verdrängen versuchst. Beides macht dich auf lange Zeit nicht glücklich. Warum? Genau, weil die gesunde Balance massiv gestört wird. Wie sich das Ganze nun mit der Zukunft verhält, kannst du dir wahrscheinlich schon denken. Ja, du darfst, kannst, sollst dir Gedanken über deine Ziele machen. Lass dir nicht einreden, es sei verwerflich, nach Erfolg (wie auch immer du diesen für dich definierst) zu streben. Wenn dich jedoch ununterbrochen Sorgen und Befürchtungen plagen und du dadurch so sehr abgelenkt bist, dass deine Bewusstheit nicht mehr im Hier und Jetzt präsent ist, wird sich das auf Dauer ungut auswirken. Einige Zeit wirst du dich selbst belügen und ablenken können. Allerdings arbeiten dein Geist und dein Körper zusammen und so kommt es früher oder später dazu, dass du durch Ungesundheit zu mehr Ruhe gezwungen wirst. Warum ist das so? Richtig, weil dann ein Ungleichgewicht herrscht, welches es dir zuliebe zu beheben gilt. Kurzum möchte ich dir folgendes näherbringen:

Die Uhrzeit ist weder gut noch schlecht, sie ist nicht zu bewerten. Nutzt und betrachtest du sie richtig, verschmilzt sie mit dir und wird zum Jetzt. Gehst du auf ungesunde Art mit ihr um, kann sie dir schaden und genau hier wird sie dann zur Kopf-Zeit, wie ich sie nenne. Sei also nicht zu streng zur Zeit, verurteile sie nicht und mache dir selbst keinen Druck. Das Thema rund um das Leben im Jetzt ist um einiges einfacher, als es vielleicht auf den ersten Blick scheint. Handle in deinem individuellen Tempo und rede dir nicht ein, dass irgendwelche Vortragenden, Gurus, Sprecher oder sogenannte Ikonen viel

„weiter“ wären als du. Vielleicht sind sie hier und da bewusster, das mag in gewissen Bereichen so sein. Wisse aber, dass du schon morgen ins Hier und Jetzt gelangen kannst. Es muss nur einmal „klick“ machen, damit du dich an das erinnerst, was du eigentlich schon lange weißt. Das kann durch jahrelange Meditation eintreffen, ja. Aber genauso gut kann es unerwartet geschehen. Das Jetzt musst du nicht wissenshungrig jagen, es ist bereits da, in dir und außerhalb. Das war es immer und wird es auch immer sein. Das Hier und Jetzt ist friedvoll, gelassen und in jeder einzelnen Millisekunde bereit, dich zu empfangen. Was du dafür tun solltest, ist bewusst zwischen der Uhrzeit und der Kopf-Zeit zu unterscheiden, um daraufhin ein gesundes Gleichgewicht erzeugen zu können. Im Grunde ist die Uhrzeit ein Konstrukt, das uns 24 Stunden pro Tag umgibt. Sie lässt sich aber auch als nützliches Instrument bezeichnen, welches wir verwenden, um unseren Alltag auszurichten. Mit ihr sorgen wir für Struktur. Sie lässt uns unbeschwert an Erinnerungen denken und hilft uns dabei, gewissenhaft in die Zukunft zu planen. Die Kopf-Zeit hingegen ist jene, die dich mit Ängsten und Sorgen aus dem Jetzt zerrt. Durch sie bist du nur noch damit beschäftigt, den ungesunden Anforderungen deines Verstandes gerecht zu werden. Sie lässt dich glauben, dass es von Belangen wäre, alles zu bewerten. Ein von der Kopf-Zeit bestimmter Alltag gleicht einem unbewussten Leben in einer fiktiven Welt. Eine, in der du zu viel grübelst, nie gut genug bist und immer zu wenig von allem hast – sei es Geld, Besitz, Erfolg, Bestätigung.

Klarer Fokus statt Hokuspokus

Ohne der Uhrzeit könnten wir uns nicht weiterentwickeln. Daher ist es auch nicht falsch, in den richtigen Momenten auf die Uhrzeit und somit auf unseren Verstand zurückzugreifen. Schnell wird die Uhrzeit allerdings zur Kopf-Zeit und das häufig, ohne dass wir das bemerken. Die Kopf-Zeit ist so heimtückisch, weil sie uns in Windeseile vollständig einnimmt. Tritt sie zu oft zutage, identifizieren wir uns irgendwann mit der Vergangenheit und versuchen diese Identifikation zwanghaft in die Zukunft zu projizieren. Auf diese Weise formt unser Verstand ein trügerisches Selbstbild, das uns von allen Seiten einnimmt. Folglich erschaffen wir in der Zukunft ein Muster, welches unserer Vergangenheit gleichkommt. Wir bewegen uns dann dahin und halten uns in diesem Muster auf, ohne es kritisch zu hinterfragen. Schließlich betrachten wir die vorherrschenden Lebensumstände als gegeben, da wir sie gewohnt sind und sie unserem Selbstbild, von dem wir überzeugt sind, entsprechen. Wir kennen kaum eine andere Art, dem Leben zu begegnen und gehen somit von ihrer Richtigkeit aus. Dass wir Situationen, Probleme und Geschehnisse aller Art gemäß unseres falschen Selbstbildes erzeugen, kommt uns selten in den Sinn. Genau das machen wir aber jedes Mal aufs Neue, wenn uns die Kopf-Zeit erobert. Daher müssen wir, nachdem wir Gebrauch von der Uhrzeit und somit von unserem Verstand gemacht haben, wieder zurück zu unserer vollen Bewusstheit in der Gegenwart kommen. Das müssen wir noch tun, bevor die Kopf-Zeit anklopft. Wir können ihr zuvorkommen, weil wir ihr Bestreben bereits durchschaut haben. Machen wir das nicht, baut sich eine behagliche Kopf-Zeit auf. Das sehen wir oft bei engstirnigen Menschen, die stets meinen, alles besser zu wissen, dennoch durch den Alltag stolpern und selten vor ihrer eigenen Tür kehren. Diejenigen, die sich über das Verhalten anderer aufregen und sich selbst jedoch beinahe identisch benehmen. Menschen, die nicht gerne in den Lebensspiegel schauen, aus Fehlern nicht lernen möchten und mit dem Finger immer auf die anderen zeigen und so weiter. Ich denke, du weißt, worauf ich hinaus möchte. Nicht vergessen: Niemand ist besser oder schlechter als du. Der engstirnigste Mensch auf der Welt ist nicht weniger wert als du. Feststellen darfst du trotzdem, denn das führt dir einmal mehr vor Augen, was es bei deiner persönlichen Entwicklung zu beachten gäbe.

Du darfst die Dinge ruhig und guten Gewissens beim Namen nennen, wenn du dich bewusst weiterentwickeln und den Unterschied zwischen der Uhrzeit und der Kopf-Zeit in aller Tiefe verstehen möchtest. Nutze die Zeit so gut wie möglich. Mache sie dir gerne zunutze, aber vergiss nicht, dem gegenwärtigen Moment am meisten Beachtung zu schenken. Denke an eine Erfahrung aus der Vergangenheit, um eine bekannte Herausforderung zu meistern, aber danach richte deine Aufmerksamkeit wieder ganz bewusst auf das, was momentan ist. Wenn du zum Beispiel eine hitzige Diskussion beendest und dich das Gefühl von Stress auch noch lange danach begleitet, richte deine Aufmerksamkeit auf das Hier und Jetzt. Das anhaltende Gefühl von Stress macht dir nur solange zu schaffen, bis du dich selbstbestimmt dafür entscheidest, dich nicht mehr davon kontrollieren zu lassen. Sicher, du brauchst gewisse Zeit, um wieder runterzukommen. Wir Menschen neigen jedoch dazu, Gefühlszustände viel länger aufrechtzuerhalten als wahrlich notwendig. Ähnlich verhält es sich mit einem kleinen, unangenehmen Auszug aus deiner Vergangenheit. Du kannst darüber nachdenken und schauen, was du daraus lernen kannst.

Wenn du dich fragst, wie es damals zu einer bestimmten Situation gekommen ist, was du anders hättest machen können und daraus schlussfolgerst, wie du es in der Zukunft nicht mehr so weit kommen lassen wirst, ist das löblich. Bis hierhin ist alles gut, weil du dich der Uhrzeit bedienst. An dieser Stelle gilt es aber wachsam zu bleiben und sich einmal mehr auf die eigene Bewusstheit im Hier und Jetzt zu fokussieren, ansonsten ergreift dich die Kopf-Zeit pfeilschnell. Es ist enorm wichtig, eine Routine für diese Methodik entstehen zu lassen. Das mag simpel klingen und vielleicht beinhaltet das für den ein oder anderen zu wenig Prestige, aber genau das ist der Punkt: Das achtsame Dasein im Hier und Jetzt solltest du wirklich nicht als unerreichbares Ziel betrachten. Du musst nicht „spirituell(er) werden", um zu wachsen. Das bist du sowieso. Du musst nichts werden, sondern endlich wieder sein. Es ist kein Hokuspokus nötig, auch wenn es oft den Anschein macht. Du kannst ins Hier und Jetzt kommen, und zwar so, wie du jetzt gerade bist. Ja, auch wenn du keine Hanfkleidung trägst. Ja, auch wenn du deine Wohnung nicht räucherst und indische Tücher an der Wand hängen hast. Nein, du bist nicht verpflichtet, dir ein Yin Yang-Tattoo stechen zu lassen. Du musst dich nicht komplett verwandeln. Du darfst Du bleiben. Was es für dich lediglich zu beachten gilt, ist die typische Ankündigung der Kopf-Zeit. Entwickelst du ein Fingerspitzengefühl für ihren Anmarsch (und das wirst du mit der Zeit definitiv), gibt sich das Jetzt sukzessive zu erkennen. Es sei nochmals erwähnt, dass du es dir nicht schwieriger machen solltest, als es tatsächlich ist. Es gibt nicht „die eine Formel", welche dich im Handumdrehen ins Jetzt zaubert. Außerdem ist jede noch so ausgeklügelte Taktik eher hinderlich, da diese wieder nur mit dem Verstand angewendet werden kann. Es geht darum, deine Bewusstheit für das, was ist, zu schärfen. Wir sind imstande zu sehen, aber gleichzeitig nicht wahrzunehmen. Wir können hören und gleichzeitig nicht zuhören. Warum ist das so? Es ist unsere defizitäre Aufmerksamkeit für das, was hier und jetzt tatsächlich ist, welche dies ermöglicht. Für Menschen, die sich andauernd mit niedriger Bewusstheit durchs Leben bewegen, scheint die Zeit am schnellsten zu verlaufen. Sätze wie: „Die letzten 10 Jahre vergingen wie im Flug" oder „Die Zeit vergeht so schnell, unglaublich", hast du bestimmt nicht nur einmal gehört. Das Leben scheint an einem vorbeizuziehen, wenn man es nicht mit Achtsamkeit erlebt. Übrigens bleibt es natürlich allein dir überlassen, ob du Hanfkleidung trägst und so weiter. Du darfst, kannst, sollst dich in alle möglichen Richtungen bewegen und deiner individuellen Entfaltung den Raum geben, den sie verdient. Hauptsache du lebst ein erfüllendes Leben voller Glück, Spaß und Freude. Leben und leben lassen, wie es so schön heißt. Wichtig ist nur, dass du dich niemals mit Dingen, Kleidungsstücken, Hobbys und Lebenseinstellungen identifizierst. Falsche Identifikationen halten dich immer von dem ab, was tatsächlich ist. Ich denke, du weißt genau, was gemeint ist. Was die lauernde Kopf-Zeit betrifft, kannst du dich selbst anfänglich nicht oft genug an deinen geschärften Blick erinnern. Mit ständiger Wiederholung verinnerlichst du diese Herangehensweise, sodass es später überflüssig sein wird, aktiv darüber nachzudenken. Du wirst dich nicht mehr absichtlich ins Hier und Jetzt zurückholen müssen, sondern die friedvolle Gegenwart verkörpern. Dein Seinszustand schwingt dann auf der gleichen Frequenz wie das Jetzt. Bis dahin ist jede noch so forsche Wiederholung zu deinem Besten. Wir müssen verstehen, dass wir im praktischen Leben Gebrauch von der Vergangenheit und der Zukunft machen können, allerdings dem gegenwärtigen Moment am meisten Beachtung schenken sollten. Denn all das, was aus der Vergangenheit wichtig für unseren aktuellen Plan ist, setzt du ausschließlich in der Gegenwart um. Und all die Arbeit, die du in deinen Plan steckst, um dein Ziel in der Zukunft zu erreichen, findet ebenfalls in der

Gegenwart statt. Es kann dir vielleicht helfen, wenn du dich stets auf das Jetzt fokussierst und dir die Zeit als Randerscheinung vorstellst. So kannst du die Uhrzeit nutzen und gleichzeitig frei von irreführender Kopf-Zeit sein.

Mit anderen Worten: Der Unterschied zwischen Uhr- und Kopf-Zeit entsteht ausschließlich durch deine Bewusstheit.

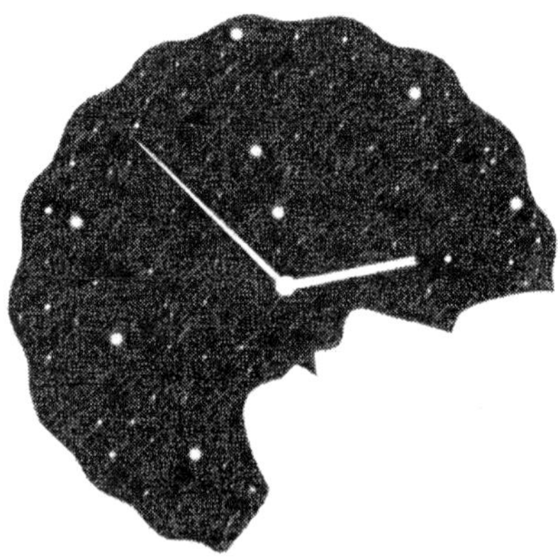

Wenn du also die Uhrzeit nutzt, solltest du immer wachsam sein. Nutzt du die Zeit, um aus den Fehlern zu lernen, die du in der Vergangenheit begangen hast, dann ist es die Uhrzeit, die du dir zu Gebrauch machst. Und was solltest du dabei beachten? Richtig, dass sie sich nicht in die giftige Kopf-Zeit verwandelt. Merke: Wenn du ununterbrochen über die Fehler nachdenkst, welche du in der Vergangenheit gemacht hast, dich dabei schlechte Gefühle überfluten und dadurch andauernd Selbstzweifel bei dir anklopfen, kannst du sicher sein, dass die Kopf-Zeit hinter dem Steuer sitzt. Denn deine Fehler werden von dir nicht nur als Fehler betrachtet, sondern als Samen für dein falsches Selbstbild herangezogen und gepflanzt. Somit wird ein fehlerhaftes Identitätsgefühl kreiert, welches später aus der Erde eines falschen Selbstbildes herauswächst. Diese falsche Identität kann dich ungesund werden lassen. Die Kopf-Zeit kann zudem viele Gesichter haben. Auch wenn du dich zu sehr auf ein Ziel in der Zukunft fokussierst, kann die Kopf-Zeit eintreten. Bei der Uhrzeit weißt du, wohin du gehen möchtest und schenkst jedem Schritt in diese Richtung deine Aufmerksamkeit. Die Kopf-Zeit hingegen lenkt deine Aufmerksamkeit auf das Ziel und missachtet dabei, die nötigen Schritte in der Gegenwart zu setzen. Oder aber du machst zwar Schritte, erlebst sie jedoch nicht bewusst und das ist mehr als schade, denn schließlich wissen wir doch, dass uns schon der Weg zum Ziel glücklich machen kann. Ein von der Kopf-Zeit vorgegebenes Ziel kann dich nicht von innen heraus erfüllen.

Die Kopf-Zeit meint vielleicht, dass du Glück und Erfüllung in diesem Ziel finden wirst und dein Selbstwert in die Höhe schießen wird, sobald du es erreicht hast. Allerdings hörst du dadurch auf, die Aufmerksamkeit auf den Moment zu richten. Der Moment, in dem du die Fassung verlierst, weil du nur noch träumst, ist jener, in der dich die Kopf-Zeit geschickt überrumpelt hat. Die Verwandlung ging vonstatten und du empfindest nur noch das dringende Bedürfnis, endlich dein Ziel in der Zukunft zu erreichen. Da du es einfach nur noch erreichen möchtest und dich der Weg an sich nicht mehr strahlen lässt, kannst du deine Gegenwart gar nicht mehr bewusst wahrnehmen. An dieser Stelle möchte ich unbedingt erwähnen, dass es immens wichtig ist, sich Ziele zu setzen und sie kontinuierlich zu verfolgen. Sie halten uns am Leben und kurbeln unsere Lebensenergie an. Das Streben danach empfinde ich als positiv und Zielstrebigkeit kann sicherlich Freude bereiten. Dennoch versuche ich dir den Wert des Weges an sich zu verdeutlichen. „Der Weg ist das Ziel", diese Weisheit legt Glück in seiner perfekten Einfachheit dar. Der richtige Weg ist demnach stets der, den du mit Achtsamkeit und Liebe gehst. Pflanzen wir einen Marillenbaum, ist es nicht ausschließlich der anstehende Ertrag, der uns antreibt und motiviert. In erster Linie bereitet uns die Tat im Hier und Jetzt Spaß und Freude. Die Idee, das Vorhaben und die Umsetzung erfüllen uns. Tatsächlich habe ich mich beispielsweise einst über den blühenden Koriander im Hochbeet meines Gartens gefreut, den ich selbst gesetzt hatte.

Es hat Spaß gemacht, verschiedenste Samen und die richtige Erde zu besorgen und das Projekt in die Tat umzusetzen. Meine Freude war groß, mein Gusto trotzdem nie vorhanden, weil ich den Geschmack von Koriander unendlich mies finde. Der Weg selbst war also wunderschön, da ich ihn achtsam erlebt hatte. Der Koriander landete dann auf dem Teller meiner Nachbarin, welche dessen Geschmack (komischerweise) liebte. Wie steht es um dich? Sind deine Handlungen gerade Mittel zum Zweck, um irgendwann einmal Erfüllung und Glück zu erfahren? Hast du das Gefühl, dass dein Glück immer noch auf dich wartet oder suchst du es sogar in materiellen Dingen und Geld? Oder wartest du noch auf einen Menschen, mit dem du eine Beziehung haben kannst, die deinem Leben endlich einen Sinn verleiht? Das wären alles Hinweise darauf, dass dich die Kopf-Zeit zu sehr einnimmt. Ja, es ist schön und gut Ziele zu haben und diese anzustreben. Auch ist es ok, finanzielle Freiheit anzuvisieren. Es gibt jedoch einen Unterschied zwischen Zukunftsvision und Zukunftsvision. Die eine ernährt sich von Ängsten und die andere von purer Lebensfreude. Beide manifestieren sich in deinem Kopf, aber nur eine davon kann dich wirklich glücklich stimmen. Es ist jene, die dich in deiner Selbstverwirklichung vorantreibt, ohne dabei das gesunde Maß an Egoismus zu übersteigen. Das wiederum stünde nämlich auf dem Plan der „Angst-Zukunfts-Vision". Dieser Plan bringt uns aber nicht weiter, sondern lässt uns stagnieren. Er gibt zwar vor, ein sinnvoller zu sein, aber wenn du es schaffst, im Jetzt zu leben, enttarnst du seine Heuchelei gekonnt. Viele Menschen haben bemerkt, dass das Lebensgefühl ein völlig anderes ist, wenn sie bereits der Weg zum Ziel mit Freude erfüllt und sie nebenbei einen bestimmten Geldbetrag vor Augen haben. Wenn dem nicht so ist, einem also der Weg an sich schon keine Freude bereitet, dann ist auch der angestrebte Geldbetrag kein sonderlich dienliches Ziel. Menschen, die viel Geld besitzen und stetig danach streben, erklären immer wieder, dass es ihnen trotzdem nicht primär um das Geld selbst geht. Wenn du dich nicht in der Welt der Gegenwart aufhältst, stellt das für dich einen Widerspruch dar. Menschen, die finanziell frei sind, sagen, dass es ihnen in erster Linie um den Weg, der bis zum Erreichen eines Zieles gegangen werden muss, geht. Er ist es, der sie glücklich macht. Das Geld ist zwar ein angenehmer Nebeneffekt und sorgt zusätzlich für Motivation, weil es einmal mehr an die Freude der bisherigen Wanderung erinnert. Klar, aber grundsätzlich geht es den meisten nicht ausschließlich um das Geld, auch wenn das auf der Oberfläche den Anschein macht.

Ein Marathonläufer freut sich auch über eine goldene Medaille. Der Weg dahin war vielleicht hart und mit vielen Auf und Abs versehen. Dennoch war und bleibt auch für ihn die Vorbereitungszeit, also der Weg im Hier und Jetzt, das einzige, was ihn von innen heraus erfüllen und glücklich machen kann. Die Medaille ist bloß eine symbolische Erinnerung an den Weg. Auf dein volles Potential hast du nur Zugriff, wenn du genau das verinnerlichst. Die Schönheit deines Lebens spielt sich genau jetzt ab, und ob du das bewusst mitbekommst, ist auch von deiner Unterscheidung zwischen der Uhrzeit und der Kopf-Zeit abhängig. Ein bloß in der Kopf-Zeit erlebtes Leben lässt deine Sehnsüchte, deine Wünsche, deine Gedanken und deine Emotionen in einer monotonen Dauerschleife ablaufen, sodass du diese mit deinem Selbstbild gleichsetzt. Allerdings verleiht dir das unbewusste Dasein im Konstrukt der Kopf-Zeit niemals deine wahre Identität, sondern ausnahmslos eine falsche. Dein Verstand möchte sich immer in die Zukunft flüchten, um die Gegenwart zu vermeiden, aus Angst sie könnte unbefriedigend sein. Er möchte sich pausenlos um die Gegenwart winden, weil er befürchtet, dass sie ihn nicht befriedigen kann. Fieberhaft sucht er somit in der Zukunft nach etwas, woran er dich dann die ganze Zeit denken lässt. Das führt eben dazu, dass du dich nur noch mit einem Ziel in der Zukunft beschäftigst, du dich damit identifizierst und sich dein Verstand somit befriedigt zurücklehnen kann. Wie bereits erwähnt, ist es aber wahrlich keine Zauberei dem zu entkommen. Nimm dir das bitte unbedingt zu Herzen. Es klingt schwieriger als es ist und daran solltest du dich ständig selbst erinnern, denn mit dem Wissen darum verwehrst du deinem Sein nicht schon von vornherein den Zugang ins Hier und Jetzt. Mach dir bewusst, dass die Reise in die friedvolle Gegenwart auch für dich, ganz gleich in welcher Lebensphase du dich aktuell befindest, möglich ist, wenn du dich dafür entscheidest. Friedvoller, geschärfter Fokus anstelle von Hokuspokus! Denke auch daran, dass dein Verstand nicht immer Unrecht hat. Nicht immer agiert er pessimistisch. Manchmal ist die Gegenwart unschön und das momentan zu leugnen, wäre auch nicht ratsam. Wenn es dir gesundheitlich mal nicht so gut geht, hoffst du auch auf bessere Zeiten, in denen du dich wieder uneingeschränkt bewegen und das Leben genießen kannst. Dein Verstand schickt dir Erinnerungen aus der Vergangenheit, in der du gesund und munter durch die Welt spaziert bist und projiziert diese gleichzeitig in die Zukunft, damit du frohen Mutes danach strebst. Das ist grundsätzlich etwas Gutes und an dieser Stelle hat der Verstand einen positiven Einfluss auf dich und deinen Antrieb. Allerdings ist die Zukunft eigentlich nur ein Abbild der Gegenwart. Lediglich die Umstände verändern sich mal im höheren und mal im geringeren Ausmaß. Was auch immer sich um dich herum verändert, du wirst immer noch Du sein. Dein Leben wird sich immer noch im Jetzt abspielen, ganz gleich, ob du das wahrnimmst oder nicht. Auch die allerschönste Zukunft wirst du nicht bewusst erleben, wenn du sie nicht mit deinem achtsamen „Jetzt-Zustand“ wahrnimmst. Es kann also schon jetzt, in diesem Moment, besser sein als zuvor und du bemerkst es nur nicht, weil dich dein Verstand in seiner künstlich erschaffenen Wunschzukunft festhält. Die Grenze zwischen dem positiven und dem negativen Einfluss deines Verstandes auf dich, zieht dein achtsames Dasein im Hier und Jetzt.

Eine positive Veränderung kannst du nur dann ganzheitlich erfahren, wenn du die friedvolle Gegenwart vollkommen annimmst. Du kannst nur dann eine echte Verwandlung in deinem Leben erkennen, wenn du mit deiner Bewusstheit im gegenwärtigen Moment bleiben kannst. Was bringt es dir, wenn du wieder gesund bist, aber nicht bewusst wahrnimmst, dass du wieder gesund bist? Damit meine ich nicht nur einen kurzen Gedanken oder gar eine nebenher getätigte Aussage wie: „Wow, ich bin echt froh, wieder gesund zu sein“. Das ist ok, aber die unendliche Fülle des Lebens kannst du nur mit deinem achtsamen Jetzt-Zustand, welcher mit verinnerlichter Dankbarkeit und Frieden für das Gegenwärtige verbunden ist, erfahren. Nur so kannst du die Vergangenheit gedanklich auflösen und schleppst sie nicht mehr weiter durch dein Leben mit dir herum. Zwischen „Wow, ich bin nicht mehr krank“ und „Ich genieße es, hier und jetzt völlig gesund zu sein“, ist ein fundamentaler, wenn auch unscheinbarer Unterschied. Wenn du in der Gegenwart „nur“ froh bist nicht mehr krank zu sein, dann denkst du dabei eher an die Vergangenheit, in der du krank warst. Damit hältst du deinen Geisteszustand auf Trab, weil er dadurch Krankheiten fürchtet. Die unterbewusste Haltung meint dann: „Hoffentlich werde ich nicht mehr krank“. Angst und Furcht vor Situationen, die jetzt gerade ausschließlich in deinem Kopf existieren, versperren dir aber den Zugang zum Hier und Jetzt. Hingegen erschafft die Aussage: „Ich genieße es, hier und jetzt völlig gesund zu sein“, ein deutlich positiveres

Lebensgefühl. Eines, das mit der friedvollen Gegenwart kompatibel ist. Das ist es, weil es dem, was ist, fried- und vertrauensvoll begegnet. Deine Zukunft ist insofern stets ein Teil deiner gegenwärtigen Bewusstheit. Verstehst du, was ich dir sagen möchte? Was du jetzt gerade machst, wie du jetzt gerade denkst, hat immer Einfluss auf das, was dir begegnen wird.

Pflanze den Samen jetzt und der Marillenbaum wird bald an dieser Stelle stehen. Hier wird er dann für jeden zu sehen sein, der daran vorbeikommt. Nicht jeder wird ihn gleichartig wahrnehmen. Der eine nimmt den Marillenbaum in seiner wundervollen Pracht wahr, der andere wirft vielleicht nur einen halbherzigen, flüchtigen Blick auf ihn. Je nachdem, wie frei der Beobachter in seiner Bewusstheit ist. Hat deine gegenwärtige Bewusstheit blockierende Lasten aus der Vergangenheit zu tragen, wird sie diese auch mit in die Zukunft nehmen. Die Last von gestern nimmt dich heute ein und wird auch in der Zukunft noch stattfinden, weil du sie mit deiner Unbewusstheit dahin projizierst. Da du mit deiner Aufmerksamkeit nicht vollkommen in der Gegenwart bist, wird die Vergangenheit immer präsent bleiben. Mit deiner Unbewusstheit erschaffst du das, obwohl du es gefühlt in keiner Weise möchtest. Den Marillenbaum und alles andere wirst du dementsprechend sehen oder eben nicht. Deine gegenwärtige Bewusstheit überträgt sich immer auf deine Zukunft und erzeugt dort wieder eine Jetzt-

Realität, die aus der Vergangenheit rührt. Wie fühlt es sich an zu denken, dass du jetzt gerade deine zukünftige Vergangenheit mitbestimmen kannst? Macht dir dieser Gedanke Mut oder missfällt er dir eher? Die Erschaffung deiner eigenen Zukunft ist möglich, wenn du den achtsamen Umgang mit deiner Denkweise in Bezug auf die Kopf-Zeit transformierst. Wenn du das Ganze verstehst und vollkommen bewusst handelst, bist du frei von blockierenden Ängsten, lähmenden Sorgen und so weiter. Im Hier und Jetzt, also da, wo grundsätzlich alles gut ist, gibt es keinen Platz dafür. Du wirst kein Verlangen mehr danach haben. Mit lähmenden Sorgen kannst du im Jetzt-Zustand nichts anfangen, deswegen lässt du sie einfach weg. Dasselbe gilt aber auch für vermeintlich Positives, das aus deinem Verstand rührt. Viele Menschen glauben zum Beispiel, dass ihr Leben endlich besser werden würde, wenn sie eine hohe Summe Geld bekämen. Das kann durchaus sein, wenn der bewusste Umgang damit gegeben ist. Aber in Wirklichkeit würde sich das Leben bei jenen, die das Geld brauchen, um sich damit dauerhaft von der Gegenwart abzulenken, nur oberflächlich verändern. Das bedeutet: Die gegenwärtige Bewusstheit wird in der Zukunft, auch mit viel Geld auf dem Konto, immer noch die gleiche bleiben, mit dem einzigen Unterschied, dass sich das Leben wahrscheinlich in einer prachtvolleren Umgebung abspielt. Das einzige, das wahre Veränderung in deinem Leben bewirken kann, ist der Grad deiner bewussten Gegenwärtigkeit. Nur im Hier und Jetzt kannst du deine Zukunft bestimmen. Einzig in der

Gegenwart kannst du etwas in deinem Leben verändern und deine Vergangenheit loslassen, um unbeschwert weiterzureisen. Eine gute Nachricht, richtig? Wenn du nur in der Gegenwart etwas verändern kannst, bedeutet das somit dann nicht auch, dass du immer etwas verändern kannst? Die Gegenwart ist doch immer, oder? Ja, es ist immer „jetzt", also kannst du generell zu jeder Zeit etwas verändern. Das ist mehr als eine gute Nachricht, denn sie verdeutlicht einmal mehr, dass du tatsächlich deines eigenen Glückes Schmied bist.

Ein weiterer Aspekt ist, dass zu viel Kopf-Zeit und zu wenig Gegenwärtigkeit Spannungen, Sorgen und Stress in uns auslösen. Ängste entstehen, sobald wir zu viel in der Zukunft verharren und Traurigkeit und Groll, wenn wir uns zu viel in der Vergangenheit aufhalten. Viele Menschen sind sogar der Überzeugung, dass es keinen Moment geben kann, in dem man völlig frei von negativen Gefühlen sein kann. Davon gehen sie selbstverständlich aus. Jedoch ist genau das der Fall, wenn man es schafft, im Moment der friedvollen Gegenwart zu leben. Das Gefühl von Frieden ist frei von jeglichem Leid. Genau dieses Gefühl meinen all die spirituellen Lehren, wenn sie von Erlösung im Hier und Jetzt sprechen. Es ist ein Gefühl, vollkommen frei von Negativität. Als ich diesen Zustand zum allerersten Mal erfuhr, konnte ich ihn nicht richtig deuten. Es geschah an einem wunderschönen Frühlingstag. Mit einer Freundin verbrachte ich ihn großteils in Niederösterreich, genau genommen im Stall bei ihrem Pferd. Das Wetter war schön und die Laune entsprechend. Nach einigen Stunden verabschiedeten wir uns von den Pferden und machten uns mit dem Auto auf den Heimweg. Ich saß auf dem Beifahrersitz als ich vom „Jetzt-Blitz“ erfasst wurde und mich pure Lebensfreude durchdrang. Dieses Gefühl zuzuordnen war mir nicht sofort möglich, denn es hat mich ganzheitlich ergriffen. Zirka fünf Minuten lang fiel im Auto kein Wort. Wir schwiegen, genossen die Fahrt und badeten im reinsten Glück. Aufgrund meiner mangelnden Vertrautheit mit dem achtsamen Leben in der friedvollen Gegenwart, konnte ich mein Glück nicht genau beschreiben. Ich wurde regelrecht ins Hier und Jetzt katapultiert, war davon gänzlich eingenommen und dachte: „Wenn ich jetzt sterben würde, wäre das ok. Ich fühle mich bereit“. Das mag bizarr klingen, aber ich konnte das friedvolle Gefühl, frei von jeglichem Leid und Angst, nicht anders zum Ausdruck bringen. Ich war fröhlich und wollte natürlich nicht sterben, aber ich hatte keinen Funken Angst davor. Genau in dem Moment, in dem ich diesen Gedanken hatte, blickte Julie zu mir und meinte: „Hast du auch das Gefühl, dass es ok wäre, wenn es hier und jetzt plötzlich enden würde“? Ich schaute sie freudestrahlend an, schilderte gelassen meinen Gedanken und Julie nickte mir zu, als ob sie genau wusste, welche Erfahrung ich gerade mache.

Wenn Menschen von ihrer Verbundenheit zu Gott sprechen, sie das Gefühl seiner unendlichen Liebe beschreiben, dann ist es, als ob sie von meiner ersten „Jetzt-Erfahrung“ erzählen. Ob es sich dabei um ein und dasselbe handelt, kann ich nicht wissen, aber bisher hatte ich bei jeder Erzählung darüber das Gefühl, dass exakt das gleiche Erlebnis geschildert würde. Ein Gefühl voller Vertrauen, das jegliche Probleme überdeckt, ergriff mich.

Menschen glauben, dass ihre Probleme durch unterschiedliche Situationen im Leben hervorgerufen werden. Aber ist das so? Und wie kommt es beziehungsweise wie kommen wir zu solchen Situationen? Wie entstehen sie? Achten wir zu wenig auf die Ursache? Sobald du dich ein wenig mit der Handlungsweise deines Verstandes beschäftigt hast, wirst du feststellen, dass all die Probleme ausgetauscht werden können. Das klingt möglicherweise leicht, was es auch ist, sobald du das Ruder übernommen hast. Allerdings kann dir niemand deine Probleme einfach so nehmen. Denn solange du nicht gegenwärtig bist, kommen unaufhörlich neue Probleme hinzu. Die Beschaffung derer ist quasi der Job deines Verstandes. Diese Aufgabe hast du ihm unwissentlich zugeschrieben. Er wird suchen, suchen und suchen. Ob und in welchem Ausmaß er fündig wird, hängt von deinem Glauben an ihn und seine Ideen ab. Du kannst die Hände über dem Kopf zusammenschlagen, dich zurücklehnen und deinen Verstand bevollmächtigen. Das ist machbar, aber die daraus resultierenden Folgen sind nie zu deinem Besten. Entscheide dich lieber für den verantwortungsbewussten Griff nach dem Steuer. Du hast ein Recht auf Glück und Freude in deinem Leben, also mach von der Schöpferkraft deines Bewusstseins Gebrauch.

Wisse, dass die Zeit an sich keine Erlösung herbeiführt. Vielleicht heilt sie hier und da Wunden, aber die Narben, welche auch wunderschön sein können, bleiben meines Erachtens. Verschwende deine Lebenszeit also nicht mit Warten, sondern sieh zu, dass du den Unterschied zwischen der Uhrzeit und der Kopf-Zeit verinnerlichst. Das fehlende Unterscheiden kann in vielen unangenehmen Lebensphasen die eigentliche Ursache etwaiger Probleme sein. Solange du den Unterschied beachtest, bist du gegenwärtig. Und wenn du gegenwärtig bist, ergeben sich Probleme nicht „einfach so". Statt quälender Probleme ziehst du dann „zufällig" Schönes an. Durch die Natürlichkeit der Gegenwart findet quasi ein Austausch statt. Das Leben „passiert" dir nur dann, wenn du deine Unbewusstheit ans Steuer lässt. Du darfst, kannst und solltest das Lenkrad selbst übernehmen, sofern du dich von hemmenden Ängsten und Sorgen befreien möchtest. Wir müssen akzeptieren, dass es keine Erlösung in der Zeit gibt, weder in der Uhrzeit, noch in der Kopf-Zeit. Ja, Ziele können uns dienlich sein, aber wenn wir den Weg als Ziel verstehen, sind wir bereits angekommen – und zwar jetzt, in diesem Moment. In der Zukunft ist nur derjenige frei, der sich in der Gegenwart dafür entscheidet.

KAPITEL DREI

Beobachte deine Gedanken

Je länger wir bereits den geläufigen Umgang mit der Zeit pflegen, desto schwieriger kann es uns fallen, uns davon loszulösen. Ein weiterer Ansatz kann dir den Einstieg aber immens erleichtern. Gemeint ist das Beobachten „deiner“ Gedanken. Wenn du deine Gedanken regelmäßig beobachtest, wirst du erkennen, welches Gewohnheitsschema dein Verstand an den Tag legt, damit er vor der Gegenwart davonlaufen kann. Vorweg darfst du dir auch hier gleich wieder klarmachen: **Du bist nicht deine Gedanken, du hast welche.**

Wenn wir uns mit unseren Gedanken identifizieren, kann das nachteilige Auswirkungen haben. Insbesondere dann, wenn es sich dabei nicht um harmlose Gedanken handelt, sondern um taktische, welche sich dein Verstand zusammenspinnt, um dich aus der Gegenwart zu zerren. Wenn wir es schaffen, das Gewohnheitsschema des Verstandes zu erkennen und wir seine Gedanken aus der Ferne beobachten, können wir unser Leben von übertriebener Angst und künstlich erschaffenen Problemen befreien. Sprudelt es in deinem Kopf nun von reflexartigen Einwänden? Alles nur Wunschdenken? Oder klingt das für dich gar nach Verdrängung der tatsächlichen Realität?

Normalerweise stellst du dir deine Zukunft entweder besser oder schlechter vor als deine Gegenwart, richtig? Denn, wenn sie besser ist, dann gibt sie dir Hoffnung oder du bekommst Vorfreude auf eine Situation oder einen vermeintlich erfüllenden Zustand. Schlechter stellst du sie dir vor, wenn du dir ständig Sorgen über (un)mögliche Ereignisse machst und du generell Angst fühlst, weil die Zukunft ungewiss ist. Blockierende Gefühle manifestieren sich im Hier und Jetzt, sobald du dich gedanklich in der ach so schrecklichen Zukunft aufhältst. Ja, du fühlst all das tatsächlich und nein, es wäre nicht zielführend, dir nicht zu glauben. Aber in Wirklichkeit entsprechen solche Gefühle nicht der eigentlichen Gegenwart, mit ihr sind sie nicht kompatibel. In Wahrheit sind sie Fantasien, welche dein Verstand schmiedet. Wie oft raten wir anderen, auf ihr Gefühl zu vertrauen? Diesen Ratschlag geben wir nicht selten und wir meinen ihn auch aufrichtig, aus dem Herzen heraus. Was aber, wenn das Gefühl, auf welches wir laut eigener Aussage vertrauen sollen, von unserem Verstand erzeugt wurde, um uns das Hier und Jetzt zu verwehren? Was, wenn das, was gefühlt wird, nicht das ist, was wirklich ist? Was hat es zu bedeuten, wenn uns unser Verstand derartig kontrollieren und unsere Wahrnehmung manipulieren kann? Wäre es nicht hilfreich, seine Taktiken noch besser zu durchleuchten? Alleine das Wissen darum, dass unser Verstand der Absender von hemmenden Gedanken sein kann, sollte uns dazu bringen, genau diese zu beobachten. Beobachtest du deine Gedanken nämlich nicht bewusst, kannst du nur schwer einschätzen, ob es sich dabei eventuell nur um ausgeklügelte Fantasien handelt. Hingegen bleibst du im Hier und Jetzt und realisierst das, was tatsächlich ist, wenn du deine Gedanken auf ihre Richtigkeit prüfst. Dadurch findet dein Leben automatisch mehr im gegenwärtigen Moment statt und viel weniger in der Vergangenheit oder in der Zukunft. Wenn dir also auffällt, dass du dich langsam aber doch von der Gegenwart entfernst, kannst du dem aktiv entgegenwirken, indem du auf diese Methode zurückgreifst. Damit bist du nicht mehr in deinem Verstand gefangen und ihm nicht mehr machtlos ausgeliefert. Im Gegenteil: Das bewusste Beobachten und Ordnen deiner Gedanken verhilft dir folglich zu mehr Entscheidungskraft. Findest du heraus, ob ein Gefühl auf tatsächlichen Umständen beruht, kannst du entscheiden, auf welche Art und Weise du damit umgehst. Fühlst du dich hier und jetzt zum Beispiel wegen einer Geschichte aus deiner Vergangenheit traurig, obwohl es dir aktuell an nichts fehlt, kannst du derartige Trauergefühle ablehnen, vorausgesetzt du kennst ihren wahren Ursprung. Gefühle wollen und sollen gefühlt werden. Das Unterdrücken und Ignorieren davon lässt uns immer ungesund werden. Aber wir müssen aufmerksam sein und sollten uns nicht von künstlichen Emotionswellen überschwemmen lassen, wenn wir das, was ist, annehmen möchten, um den Einstieg in die friedvolle Gegenwart zu meistern. Eine Ebene, frei von künstlichen Blockaden, existiert jetzt gerade, in diesem Moment. Mit einer freieren Geisteshaltung offenbart sich dir diese automatisch, sie erwartet dich zu jeder Zeit. Wenn du deine Konzentration auf deinen Verstand und seine Gedanken legst, kannst du gar nicht anders als dabei vollkommen gegenwärtig zu sein. Mit wiederholter Übung laufen deine Gedanken und Gefühle quasi auf einer geistigen Leinwand ab und du fängst langsam an, die Reaktionsmuster deines Verstandes in den verschiedensten Situationen zu verstehen.

Du durchschaust ihn sozusagen und nimmst ihm die Möglichkeit, dir ein falsches Selbstbild zu vermitteln. Bleibst du konsequent, kommt es erst gar nicht so weit, weil du nicht mehr anfällig dafür bist und es durch die friedliche Annahme der Gegenwart nicht mehr nötig hast. In der friedvollen Gegenwart besteht keine Not. Du nimmst die Möglichkeit nicht einmal mehr wahr, wie ein Angebot im Supermarkt, welches nicht im Geringsten mit deinen Bedürfnissen resoniert. Bleibe also konstant und trete immer einen Schritt zurück, wenn dich deine Gedanken gerade zu sehr vereinnahmen. Betrachte sie als „Denker“ aus sicherer Ferne. Nimm ihnen die Macht, Gefühle wie Wut oder Trauer in dir auszulösen, wenn diese ganz klar in ein Kapitel deiner Vergangenheit gehören. Halte dich mental im aktuellen Kapitel auf und du wirst dich sicherlich nicht mehr so hilflos fühlen. Machen wir es konkreter.

Betrachte diese beiden Situationen:

Du sitzt in einem Flugzeug und denkst:
„Ich werde gleich vor Angst sterben."

Du sitzt in einem Flugzeug und hörst deine Gedanken sagen: *„Ich werde gleich vor Angst sterben."*

In welcher Situation würdest du dir hilfloser vorkommen? Klarerweise in der ersten. Die zweite gibt dir Spielraum. Sobald du die Rolle des Beobachters deiner Gedanken einnimmst, macht sich ein ruhiges Gefühl in dir breit. Warum ist das so? Weil du dich als Beobachter im Hier und Jetzt befinden musst. Während dir im ersten Szenario weisgemacht wird, dass es gar keine andere Möglichkeit mehr gäbe, als den unmittelbar bevorstehenden Tod, steht es dir im zweiten Szenario erstmal frei, daran zu glauben oder nicht. Du kannst die Behauptung deines Verstandes also auf ihre Richtigkeit prüfen. Es wird dir sozusagen nur erzählt und somit könnte es sich dabei schlichtweg um eine Lüge handeln. Natürlich gibt es Notsituationen, in denen das Schlimmste passieren kann. Das soll niemals geleugnet werden, aber würdest du all deine Ängste und die damit verbundenen Schreckszenen, die du in deinem gesamten Leben bisher hattest, auflisten und diejenigen mit einem Stift abhaken, die sich später in irgendeiner Weise bestätigt haben, wäre dein Stift kaum verwendet. Du könntest ihn ohne Wertverlust weiterverkaufen, weil er neuwertig bliebe. Es geht darum, die Angst vor dem, was ist, abzulegen. Das schaffen wir durch die klare Beobachtung unserer Gedanken. Erst, wenn sie dich nicht mehr im Griff haben, kannst du dich für ein Leben im Hier und Jetzt entscheiden. Wenn du die zweite Variante des vorangegangenen Beispiels wählst, kannst du deine Gedanken einfach da sein lassen, und zwar ohne, dass sie dir schaden. Du kannst von deren Existenz Notiz nehmen und gleichzeitig davor geschützt sein, weil du sie und deren Absender durchschaust. Sie können dich nicht mehr vereinnahmen und dir nicht mehr die Sicht auf deine Gegenwärtigkeit vernebeln. Beantworte dir im Alltag folgende Fragen: Welche Situationen lösen welche Gefühle in dir aus? Welcher Mensch löst welche Emotionen in dir aus? Widme deine Aufmerksamkeit nicht nur der Situation, sondern richte sie auch auf deine Reaktion. Beobachte außerdem, wie oft dein Verstand in die Vergangenheit oder in die Zukunft schaltet. Dabei sollst du nichts analysieren oder beurteilen. Blieb dabei, einfach nur den Gedanken, die Reaktion oder das Gefühl zu beobachten. Auf diese Weise kannst du ein Reaktionsmuster in deinem Verstand erkennen. Allein durch das Erkennen des typischen Verhaltens deines Verstandes und somit auch von dir (deine Reaktionen auf Umstände, Aussagen, Situationen), entsteht für dich kein persönliches Problem mehr. Dir wird klar, dass es sich primär nicht um das, was tatsächlich ist, handelt. In den allermeisten Fällen handelt es sich eher um ein Abbild der abstrusen Fantasien deines Verstandes. Du wirst keine künstlichen Probleme mehr am Leben halten, indem du dich mit ihnen identifizierst. Ganz im Gegenteil: Du kannst plötzlich die Stille wahrnehmen, denn du befindest dich auf einmal abseits von jener Welt, die dir dein Verstand vorgaukelt. Du wirst zum stillen Beobachter und das wird dir immense Kraft verleihen. Aber was ist, wenn wir schlimmen Lebenssituationen gegenüberstehen, wie zum Beispiel einer schmerzhaften Trennung von einem geliebten Menschen? Manchmal geraten wir in bestimmte Situationen, in denen es uns besonders schwerfällt, gegenwärtig zu bleiben und zu beobachten. Gelegentlich sind Umstände mit hoher Emotionalität geladen, sodass uns das stille, zuversichtliche und neutrale Beobachten enorm erschwert wird. Das kann der Fall sein, wenn du Dinge bewältigen musst, die dir schon seit deiner Kindheit Angst machen oder, wenn dir jemand das Gefühl gibt, nicht gut genug und liebenswert zu sein. Es kann aber auch sein, dass ein Vorhaben einfach nicht so funktioniert, wie du es dir vorgestellt hast oder eine unscheinbare Situation irgendein negatives Gefühl aus deiner Vergangenheit reaktiviert. Wenn uns solche Situationen begegnen, fallen wir häufig in unsere Unbewusstheit zurück, da uns die Emotionen vereinnahmen.

Dann füllen sie uns vollständig aus und wir sind wieder völlig im Verstand beziehungsweise in seinem Spiel, welches wir selbst beziehungsweise unsere Eltern, Lehrer und so weiter programmiert haben, gefangen. Er versucht sich dann gegen die negativen Emotionen zu verteidigen, indem er sich und sein destruktives Verhalten rechtfertigt.

Wir wissen beispielsweise, dass es nicht vorteilhaft ist, in den Fernseher zu starren. Es ist längst kein Geheimnis mehr, dass wir unseren Geist gezielt ausrichten können, indem wir ihn nicht mehr mit Informationen füttern, welche nicht unserem Ziel entsprechen. Das begreifen zum Glück immer mehr Menschen. Trotzdem lässt uns unser Verstand schnell destruktiv handeln, sobald wir völlig überfordert sind. Er versucht, mit der Situation auf seine Weise umzugehen und das äußert sich dann beispielsweise mit dem Schauen von TV- oder Internetserien. Die sinngemäße Rechtfertigung: „Ich weiß, dass dies eigentlich nicht gut für mich ist, aber ich muss es tun, weil es mich beruhigt und mich von der aktuellen Situation ablenkt“. Ein Trugschluss, denn jeder weiß, dass sich Probleme und unangenehme Phasen nicht in Luft auflösen, nur weil wir sie ignorieren. Was wir aufschieben, wächst. Wie oft begegnen dir Menschen, die Zigaretten rauchen und gleichzeitig dabei husten? Spitäler sind voll von Menschen, welche Alkohol trinken, sich ungesund ernähren, kaum Sport betreiben und dennoch keinen Zusammenhang zwischen ihrem Lebensstil und deren Krankheiten herstellen. Wie lässt sich das erklären? Man könnte

meinen, dass diese Menschen es nicht besser wissen. In Wahrheit wissen sie jedoch genau, was ihnen schädlich bekommt und was nicht. Der Grund für das destruktive Handeln ist jedoch die Unbewusstheit, welche durch den Verstand aufrechterhalten wird. Er unterdrückt die Bewusstheit und erschwert uns somit den Zutritt ins Hier und Jetzt. Unser Herz weiß das, aber je mehr uns der Verstand lenkt, desto eher kümmern wir uns um die Linderung der Symptome, anstatt um die Erkundung der Ursache. Dies kommt uns vorrangig nicht falsch vor, weil wir scheinbar tun, was wir fühlen. Wenn wir unsere Gedanken beobachten und nachvollziehen beziehungsweise zurückverfolgen können, wissen wir, dass solche Gefühle und Emotionen von unserem Verstand kreiert werden, damit wir so handeln, wie er das möchte. Du sollst also wissen, dass nicht du es bist, der sich rechtfertigt, sondern dein Verstand. Das ist nämlich seine Gewohnheit, damit er überleben kann. Dazu dienen verschiedenste Herangehensweisen. Neben dem Schauen von hippen Serien, welche dir immer wertvolle Lebenszeit rauben, versucht dich der Verstand mit Feiern, Jammern oder dem Zocken von Computerspielen abzulenken. Er lässt dich glauben, glücklicher zu werden, wenn du beruflich alles gibst und deine Lebenszeit gegen finanziellen Reichtum eintauschst. Auch das Gegenteil kann er dir vorgaukeln, indem er in dir den Wunsch erzeugt, alles stehen und liegen zu lassen, um in den Wald zu flüchten. Ein Leben ohne jeglichen Konsum kommt dir dann plötzlich schmackhaft vor, weil es dich mental stark entlastet. Den gedanklichen Müll sollst du seiner Ansicht nach nicht sorgfältig trennen, sondern schnell irgendwo abwerfen, um mit aufgesetzten Scheuklappen davonzulaufen. Du sollst quasi nicht das Problem, die Situation, den Umstand an sich wahrnehmen und aktiv handeln, sondern immer flüchten, indem du es dir einfach machst und aussteigst. Ihm ist alles recht, solange du dich nicht auf das, was ist, konzentrierst. Das setzt er nämlich mit seinem Tod gleich. Er handelt also aus Todesangst. Auf der niedrigsten Ebene triggert er uns mit ständigem Drang nach sexueller Befriedigung.

Diese Art von Kompensation ist für ihn die leichteste überhaupt, da die Bewusstheit zur Differenzierung von echtem und künstlich erzeugtem Verlangen nach Sex nicht gerade weit verbreitet zu sein scheint. Die Liste der Mechanismen, welche der Verstand anwendet, um sich selbst am Leben zu erhalten, ist lang. Wenn du deine Gedanken beobachtest, erkennst du bestimmt viele weitere. Wir tun viel, und zwar im Glauben, es wirklich zu wollen. Schließlich fühlen wir es doch und somit muss es unserer Meinung nach richtig sein. Dass es sich bei „unseren" Bedürfnissen eigentlich um jene unseres Verstandes (zum Überleben) handeln könnte, bedenken wir viel zu selten. Rückblickend kann jeder von uns Taten aufzählen, bei denen heute die Frage aufkommt: „Was in aller Welt habe ich mir dabei bloß gedacht"? Mit dem neuerworbenen Wissen über die Taktiken unseres Verstandes können wir solch unverständliche

Taten nun aus einer anderen Perspektive betrachten. Und dabei sind nicht nur die außerirdischen Frisuren und die fürchterliche Kleidung gemeint, welche wir auf unseren alten Fotos tragen.

Nimm dir Folgendes zu Herzen:

Wenn du dich mit deinem Verstand identifizierst, dann verleihst du ihm Energie. Wenn du deinen Verstand jedoch achtsam beobachtest, entziehst du ihm Energie. Er will nämlich nicht gesehen werden. Viel lieber zieht er die Fäden im Hintergrund. Wenn du dich mit deinem Verstand identifizierst, dann kreierst du Zeit. Wenn du deinen Verstand jedoch beobachtest, erreichst du den Zustand des zeitlosen Seins – **die friedvolle Gegenwart.**

Entziehst du deinem Verstand also die Energie, kannst du immer mehr im beziehungsweise mit dem Hier und Jetzt sein. Mit ständiger Wiederholung wird es dir schrittweise einfacher fallen, dich im gegenwärtigen Moment zu bewegen. Die Wiederholung wird zur Verinnerlichung und zwischen dir und dem Hier und Jetzt werden die Grenzen verschwimmen. Dennoch wirst du es nicht verlernen, deinen Verstand zu nutzen, wenn du ihn wirklich brauchst. Die Fähigkeit zur sinnvollen Handhabung deines Verstandes kann durch deine Gegenwärtigkeit nur verstärkt werden. Mehr dazu später. Viele denken nun womöglich: „Es mag ja schön und gut sein, dass man sich plötzlich leicht und frei fühlt, aber sind die Konflikte nicht trotzdem immer noch da? Geht man ihnen auf diese Weise nicht einfach nur für eine gewisse Zeit aus dem Weg"? Das scheint im ersten Moment zu stimmen. Es geht hier aber nicht darum, die Konflikte zu lösen, sondern darum, dass man erkennt, dass diese nicht wirklich existieren. Ein nicht existenter Konflikt bedarf keiner Lösung. Es handelt sich lediglich um Fantasien, bei denen man entscheiden muss, ob man ihnen ganzheitliche und somit auch emotionale Beachtung schenkt oder, ob man sie einfach so lässt, wie sie zu sein scheinen. Man kann diese künstlich erschaffenen Situationen als unechten Teil der Gegenwart akzeptieren und einfach „da sein" lassen, bis man sie durchleuchten möchte, um sie endgültig verschwinden zu lassen. Du musst dir bewusst machen, dass Probleme in den meisten Fällen eine Erfindung des Verstandes sind. Sie bleiben, wenn man ihnen Zeit gibt. Dadurch gewinnen sie auch an Größe. Wenn man allerdings im gegenwärtigen Moment lebt, haben sie keine Chance zu überleben. Sprich gerne mal mit Leuten, die ihren Kopf schon seit Jahren nicht mehr mit den Informationen aus der Zeitung oder anderweitigen Nachrichten füttern. Frag ruhig mal nach, welche Auswirkung der Verzicht auf ihren Geisteszustand hatte und hat. Jede Ablehnung eines künstlichen Problems verschafft dir wertvolle Lebenszeit im Hier und Jetzt. Je höher deine Bewusstheit, desto weniger musst du aktiv ablehnen. Dein Leben passt sich stets deinem Lebensgefühl an. In diesem Beispiel bedeutet das konkret, dass du zu Beginn häufiger aktiv ablehnen musst, du mit der Zeit aber immer weniger „Problem-Angebote" bekommst, weil deine Wahrnehmung immer mehr dem, was tatsächlich ist, gilt. Wenn du in diesem Moment, während du das Buch liest, deine Aufmerksamkeit nur auf das Jetzt richtest, gibt es dann ein Problem, das du gerade hast? Höchstwahrscheinlich nicht. Du liest gerade ein Buch, Ende der Geschichte. Gibt es aber Themen, über die du dir stattdessen quälende Gedanken machen könntest? Wenn du willst, findest du welche, aber du musst nicht. Du kannst dich auch dafür entscheiden, hier und jetzt nichts anderes zu tun, als ein einfaches Buch zu lesen.

Verstehe mich bitte richtig: Wenn du Opfer eines Überfalls bist und mit dem Rücken zur Wand stehst, hast du definitiv ein Problem. Wenn du nicht weißt, wie du deine Wohn-Miete für die nächsten Monate begleichen sollst, ist das auch nicht lustig. Du solltest aktiv handeln und echte Probleme, die hier und jetzt tatsächlich von hoher Relevanz sind, nicht einfach ignorieren, weil du dich einzig und allein auf „die Kraft der Gedanken" verlässt. Durch das genaue Beobachten deiner Gedanken kannst du Probleme aber richtig gewichten und deinen Alltag entsprechend ausrichten. Die anstehenden Mietkosten sind keine Erfindung deines Verstandes. Aktives Handeln ist hier demnach angebracht. Hingegen ist ein Artikel aus der Zeitung kein Problem, welchem du deine gesamte Emotions-Palette widmen sollst. Hättest du die Zeitung nicht gelesen, dann hättest du auch nicht das Problem, welches dadurch erst aufkam. Mit anderen Worten: Echte Probleme sind viel eher Aufgaben, welche uns wachsen lassen, wenn wir sie verantwortungsvoll annehmen und versuchen sie zu lösen. Künstliche Probleme sind jene, die unseren Geist klein halten und uns von dem, was tatsächlich ist, abschirmen. So gesehen ist es nicht möglich, mit der Aufmerksamkeit im Hier und Jetzt zu sein und gleichzeitig ein Problem zu haben. Der einzige, der Probleme entstehen lässt, ist nämlich dein Verstand. Dies macht er, weil er Probleme braucht, um sich zu identifizieren. Bitte vergiss nicht, dass Notsituationen nicht gemeint sind. Diese feine Differenzierung ist von allerhöchster Bedeutung. Sie ist sozusagen die Tür zur friedvollen Gegenwart. Dazu mehr im Kapitel über die Gefahren des Jetzt.

Probleme zu „haben" bedeutet demnach nichts anderes, als sich mit einer Situation zu beschäftigen, die im gegenwärtigen Moment nicht wirklich relevant ist, weil sie mit dem, was tatsächlich ist, nichts zu tun hat. Solche Situationen sind ungünstig. Derartige Gedanken-Bilder brennen sich nämlich in dein Unterbewusstsein ein und werden früher oder später zu einem Teil deines Selbstbildes. Wie du mittlerweile weißt, basiert dieses dann auf falschen Eindrücken und hat wiederum nichts mit dem, was du tatsächlich bist, zu tun. Das Gefühl, welches du durch das Leben einer künstlichen Version deines Selbst (erzeugt von deinem Verstand – Erinnerung: mangelhafte Kopie) hast, ist genau jenes, das dich im Alltag so lähmt. Das kennen sehr viele Menschen und es äußert sich immer öfter durch die sinngemäße Aussage: „Irgendetwas stimmt hier nicht". Wir haben das Gefühl, dass in dieser Welt irgendetwas nicht passt, nicht stimmig ist. Wir fühlen einen inneren Twist. Nicht selten suchen wir in allen (un)möglichen Theorien nach der passenden Antwort auf die Frage, was es damit genau auf sich hat. Aber möglicherweise hast du es nur noch nicht ins Hier und Jetzt „geschafft", weil du dich (deine Reaktionen) und deine Gedanken (vom Verstand abgesandt) noch nicht achtsam ordnest. Das mag vielleicht nicht spektakulär sein und dich kaum unterhalten, aber oftmals ist es einfacher als wir vermuten. Ja, dir mangelt es an Bewusstheit, wenn du nicht gegenwärtig bist. Diese wird dir jedoch durch das Beobachten deiner Gedanken verliehen. Es geht darum, nicht nur zu existieren, sondern ganzheitlich anwesend, präsent und bewusst zu sein. Ist dies nicht der Fall, nimmst du die von deinem Verstand kreierten Situationen und Probleme, mit denen du dich laut ihm jetzt und in der Zukunft beschäftigen sollst, ernst und kannst dich nicht auf das Wesentliche konzentrieren - die friedvolle Gegenwart. Jene Dinge, die du jetzt tun könntest, tust du dann oftmals nicht. Stattdessen bastelst du mehr und mehr Probleme und diese erzeugen mehr und mehr Schmerz. Es ist tatsächlich wie in einer hinderlichen Partnerschaft, in der keiner einen Schlussstrich zieht, obwohl zweifelsfrei klar ist, dass es für alle Beteiligten gesund und die persönliche Weiterentwicklung betreffend längst notwendig wäre.

Mit jedem weiteren Tag kreiert man mehr negative Energie und schließlich wird der Blick für die Gegenwart vernebelt, sodass man die Welt voller Probleme mit der echten, also mit dem Hier und Jetzt, verwechselt. Du kannst dich dazu entscheiden, keinen Schmerz und keine Probleme mehr entstehen zu lassen. Das kannst du aber erst, wenn du mit dem Leiden wahrhaftig abschließen möchtest und dir Zugang zum gegenwärtigen Moment verschaffst. Wenn du das vollbracht hast, erzeugst du keine Probleme mehr, nicht für dich und auch nicht für andere.

Hast du dich in deinem Leben schon mal in einer Notsituation befunden? Dann solltest du wissen, dass du in dieser Situation keine Probleme hattest. Denn in dem Moment war das übliche Programm deines Verstandes ausgeschaltet und konnte kein Problem erfinden. Diese Notsituation hat dich nämlich automatisch in den gegenwärtigen Moment geleitet und deine wohl größte Kraft hat das Steuer übernommen - **deine Gegenwärtigkeit**. Wenn dir nichts bleibt, als zu handeln, musst du mit dem arbeiten, was du hast. Was du tatsächlich hast, ist die Kraft, welche dir im Alltag, abseits vom Jetzt, nicht auffällt, wenn du unbewusst bist. Im ganz normalen Alltag bleibt dir dein Potential verborgen. Warum sollte es auch anders sein? Du hast ohnehin kein Interesse daran, aus deinem vollen Potential zu schöpfen. So scheint es zumindest, wenn du deine innere

Stimme fragen würdest. Ihr vermittelst du diesen Eindruck. Die Kraft ist da, genauso wie das Jetzt da ist. Es liegt aber an uns, diese zu erkennen, sie anzunehmen und zu nutzen. Wir müssen nicht auf eine Notsituation warten, um auf unser Potential zugreifen zu können. Wenn eine bedrohliche Situation eintritt, geht das automatisch vonstatten. Aus diesem Grund überleben Menschen manchmal sogar wie durch ein Wunder. So wird es dann sensationsliebend erzählt. Dabei haben sie nichts anderes getan, als das, was tatsächlich ist, zu nutzen. In der Essenz der Gegenwart haben wir den direkten Zugriff auf unsere eigenen Kräfte. In gefährlichen Situationen gibt es dann kein Problem im typischen Sinne deines Verstandes, sondern nur das Hier und Jetzt, in dem gehandelt werden muss und wird. An welches Problem denkst du, wenn du bei einem Überfall mit dem Rücken zur Wand stehst? Woran denkst du, wenn drei gewaltwillige Menschen vor dir stehen? Natürlich an nichts anderes als an die Situation selbst. Außer diesem Problem existiert für dich plötzlich kein weiteres mehr.

In so einer Situation hast du schlichtweg keine Zeit, um dir Gedanken über die Begleichung deiner Mietkosten zu machen. Inwiefern interessiert dich hier irgendein aufregender Zeitungsartikel? Du bist automatisch im Hier und Jetzt, weil dir nichts anderes übrigbleibt. In diesem Moment gibt es kein Problem, außer dem Überfall an sich. Alle anderen lösen sich plötzlich auf, weil du nicht mehr an sie denkst.

Dabei stelle dir nun folgende Fragen:

Wo waren all die anderen Probleme in der Zeit während des Überfalls? Waren sie trotzdem relevant oder nicht?

In so einem Moment denkst du nur an das, was tatsächlich ist, weil dir der Raum zum destruktiven Fantasieren fehlt. Er wird dir in so einem Szenario eiskalt weggenommen und du ins Hier und Jetzt gerissen. In diesem Beispiel ist das, was tatsächlich ist, einzig und allein der Überfall, mit dem du dich auseinandersetzen solltest und würdest. Schaffst du es hier, den bedeutenden Unterschied zu machen? Du sollst nicht leugnen, dass während des Überfalls andere Probleme existieren. Es gibt sie, irgendwo da draußen in der Welt, ja. Aber du wirst dazu gezwungen, diese anders zu gewichten. Du fängst an zu ordnen und spätestens nachdem du die Notsituation erfolgreich verlassen hast, unterscheidest du zwischen einem Problem und einem „Problem". Entgegen der Panikmache deines Verstandes wirst du akzeptieren, dass hier und jetzt alles gut ist. Zwischen dem, was er dich denken lässt und dem, was tatsächlich ist, liegen Welten. Ja, es existieren trotzdem Aufgaben, die du frühestens nach dem Überfall zu lösen hast. Aber sei ehrlich zu dir selbst. Während eines Überfalls machst du dir keine quälenden Gedanken über deine traurige Vergangenheit. Du malst dir auch nicht aus, wie schön es sich anfühlen würde, wenn du dieses und jenes besitzen würdest. Was hättest du denn getan, wenn dich dein Vermieter während des Überfalls anruft, weil er von dir wissen möchte, ob du die nächste Monatsmiete zuverlässig begleichst? Hättest du abgehoben? Ja, das ist ein grenzwertiges Beispiel und die Wahrscheinlichkeit, dass du genau solch ein Szenario erlebst ist gering, aber es verdeutlicht deine Art zu denken. Denke bewusster, denke absichtlich! Ja, du kannst und darfst dir andauernd Gedanken über alles Mögliche machen. Es steht dir frei, aber du darfst dir auch positivere Gedanken machen und ins aktive Handeln kommen, damit du dir das nimmst, was dir zusteht. Eigenverantwortung zu übernehmen bedeutet auch, eine wichtige Herausforderung zu erkennen, diese anzunehmen und die nötigen Schritte im gesunden Tempo einzuleiten.

Solange du das beherzigst, gibt es keine Probleme, die dich aus der Bahn werfen können. Eine Herausforderung ist an sich kein Problem, solange du sie nicht zu einem heranwachsen lässt – und zwar in deinem Kopf. Je nachdem, wie du über eine Sache denkst, zeigt sie sich dir in späterer Folge auch. Steht dir beispielsweise eine riskante Operation am Bein bevor, begegnen dir im Außen vermehrt Menschen mit Krücken, Rollstühlen und sonstigen Gehhilfen. Du lenkst deinen Fokus auf die Angst vor ähnlichen Folgen und rein „zufällig“ zeigen sich dir derartige Beispiele in deinem Leben. Wisse aber, dass es sich hierbei nicht um Zauberei handelt. Menschen glauben dabei oftmals hellseherische Fähigkeiten zu besitzen. Bestimmt kennst du diese Aussage so oder so ähnlich auch: „Ich habe es doch gewusst und schon immer gesagt, dass dies und jenes passieren wird“. Hierbei kommen die meisten nicht auf die Idee, dass sie die Situation nicht vorhergesehen, sondern erzeugt haben. Ersteres gibt ihnen ein bisschen das Gefühl von Kontrolle. In Wahrheit drückt sich mit dieser Aussage der Trotz aus, aber würden wir verstehen, dass unsere eigenen Gedanken erst als der Nährboden für die eingetroffene Situation dienten, würden wir aufpassen, wie wir worüber denken. Für viele ist es faszinierend, wenn genau das passiert, was sie geahnt haben. Wisse jedoch, dass es sich dabei um ein ganz normales Gesetz handelt. Du kriegst, was du gibst. Welche Gedanken gibst du also? Dieses Wissen wird weltweit angewendet. Längst ist das Geheimnis gelüftet und in allen Teilen der Welt machen Menschen Gebrauch davon, um ein positives Leben voller Frieden, Freude und Glück anzuziehen. Ich gehe davon aus, dass du dasselbe möchtest. Das kannst du auch, sobald du verstehst, dass das, was ist, grundsätzlich einfach nur ist. Was du daraus machst, ist deine Entscheidung. Dein Leben passt sich deinem Lebensgefühl an und dieses kannst du zum Großteil selbst bestimmen. Beobachte noch gezielter, was du während und unmittelbar nach dem Lesen eines Zeitungsartikels fühlst. Welches Lebensgefühl hast du, wenn du dir einen Horror-Film anschaust? Warst du bislang davon überzeugt, dass dies keine Auswirkungen auf dich und deinen Alltag haben kann? Inwiefern beeinflusst es dein Lebensgefühl, wenn du dich auf eine Diskussion einlässt, in der es allen Beteiligten nur um Rechthaberei und nicht um das eigentliche Thema oder gar um eine gemeinsame Lösung geht? Achte darauf, wie und was du danach fühlst und wie du damit umgehst. Bewerte nicht, sondern beobachte einfach und gelassen. Du wirst unweigerlich bemerken, dass dein Lebensgefühl, welches du durch dein gewohntes Verhalten erzeugst, in alle Bereiche mit einfließt. Die Welt zeigt sich dir eben nicht unbedingt so, wie sie ist, sondern so, wie du dich fühlst, solange du unbewusst fühlst.

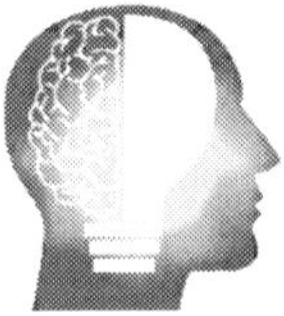

Um in die friedvolle Gegenwart zu gelangen, ist es wichtig zu wissen, was man weshalb fühlt. Nur Bewusstheit ermöglicht dir den Blick für das Wesentliche. Befreien wir uns von künstlich erschaffenen Gefühlen, nehmen wir das zeitfreie Hier und Jetzt erst wirklich wahr. Das ist nicht immer leicht, aber eigentlich ist es einfach. Gerade dann, wenn wir das fälschliche Selbstbild lange für das echte gehalten haben, fällt es uns schwer, die Idee einer zeitfreien Gegenwart anzunehmen. Schließlich hat man sich sein ganzes Leben lang eine Identität aufgebaut, die sich vehement über Leid und unterschiedliche Probleme definiert. Wenn diese Identität also wegfällt, wer ist *„man"* dann noch? Wer wäre *„man"* ohne seine Probleme? Und ist *„man"* nicht seine Vergangenheit? All das kann *„man"*

doch nicht einfach so loslassen oder etwa doch? Viele Dinge, Gedanken und Handlungen werden von Angst gesteuert. Sie liebt es zu navigieren und entsteht vor allem dann, wenn der Zukunft zu viel und der Gegenwart zu wenig Aufmerksamkeit geschenkt wird. Wäre der Fokus deiner Aufmerksamkeit auf die Gegenwart gerichtet, würden sich Angstgefühle auf das Minimalste reduzieren oder gar aufhören zu existieren. Eine Notsituation, in der du handeln musst, lässt keinen Raum für etliche Probleme, so viel Zeit bleibt deinem Verstand nicht. Du handelst meist vollkommen klar und passend, solange du bewusst im Hier und Jetzt bleibst. Dann reagierst du nicht, wie du es aus der bedachten Haltung deines Verstandes tun würdest, sondern handelst intuitiv. Dein Verstand wird für diesen Moment beiseitegeschoben, kurz außer Kraft gesetzt. Außerdem kann dir das Handeln aus dem Hier und Jetzt heraus dabei helfen, in gewissen Situationen nicht zu handeln. Es gibt bestimmt einige Szenarien, in denen du gewohnt so reagierst, wie du eben reagierst. Reflexartiges Reagieren kann aber hinterfragt, erkannt und verändert werden. Frag dich selbst, warum du auf bestimmte Fragen so antwortest, wie du eben antwortest. Hinterfrage deine gewohnten Reaktionen auf diverse Aussagen, Fragen, Meinungen und so weiter. Mach beim Lesen dieses Buches auch gerne eine oder mehrere Pausen. Besinne dich auf die Ruhe. Komme mit deiner Aufmerksamkeit absichtlich ins Hier und Jetzt und werde zum inneren Beobachter. Spüre, wie dein Körper Kontakt zum Boden hat oder zur Unterlage, auf der du gerade sitzt oder liegst. Spüre, wie deine Lunge atmet und rufe dir ins Bewusstsein, dass du dies nur wahrnehmen kannst, weil du es aus der Perspektive des achtsamen Beobachters wahrnimmst. Bleibe in dieser Haltung und beobachte für einige Zeit, was du gerade erfährst und welche Gedanken in deinem Kopf auftauchen. Manchmal kann es sein, dass gerade dann keine Gedanken vorhanden sind, wenn man anfangen möchte, sie zu beobachten. Dies soll dich nicht verunsichern, sondern zeigt dir in Wahrheit, dass deine Gegenwärtigkeit bereits gegebener ist als vielleicht vermutet. Gib dir selbst genügend Zeit. Je öfter du praktizierst, desto einfacher wird es. Nach und nach erkennst du, worüber du besonders viel nachdenkst. Aber zuerst geht es vor allem darum, dass du deine Fähigkeit zur Beobachtung erkennst. Realisiere, dass du deine Gedanken beobachten kannst. Dann weißt du, dass du nicht deine Gedanken bist, sondern, dass du lediglich Gedanken hast.

Welche Stimmung wirkt gerade in dir? Auch deine Stimmung kannst du beobachten. Nimm dir einen Moment Zeit für die Beobachtung deiner Gefühle. Welche Gefühle fließen gerade in dir? Realisiere auch hier wieder, dass du Gefühle hast. Sie sind aber nicht du. Du kannst sie beobachten, du kannst neutral wahrnehmen, was gerade in dir passiert, solange du in der Position des Beobachters bleibst. Besonders dann, wenn du dich von deinen Gedanken und Gefühlen mal wieder überwältigt fühlst, kannst du die Rolle des neutralen Beobachters einnehmen. Du kannst dich ganz einfach als der Beobachter deiner eigenen Gedanken zurückziehen und das Ganze aus angenehmer Distanz betrachten. Du kannst deine Aufmerksamkeit dann steigern und gehst deutlich gelassener an alltägliche Aufgaben heran. Somit werden diese erst gar nicht zu sogenannten Problemen.

Die von deinem Verstand abgesendeten Gedanken und deine Gefühle sollst du beobachten, um zukünftig so zu reagieren, dass es deinem Lebensgefühl dienlich ist. Denn du weißt mittlerweile: **Dein Leben passt sich immer deinem Lebensgefühl an.**

KAPITEL VIER

Verbindung zur Quelle

Wenn du deine Aufmerksamkeit deinem Körper schenkst, kannst du einfach nur sein. Aber was ist das Sein denn eigentlich genau? Es fällt uns schwer, zu verstehen, was das Sein ist, weil wir versuchen, es mit unserem Verstand zu analysieren. Es in Worte zu fassen gleicht einer unlösbaren Aufgabe. Mit Worten können wir bestenfalls in die Nähe kommen, aber das Sein selbst bedarf keines Wortes, um zu sein. Der Verstand versucht zwar dem Ganzen eine Gestalt zu geben, aber das ist nun mal nicht möglich. Man sollte sich deshalb nicht lange damit aufhalten und versuchen, die passenden Worte dafür zu finden. Vergleiche es mit der Liebe. Beim Versuch sie zu beschreiben, kannst du unzählige Adjektive verwenden. Ebenso kannst du Sprichwörter, Weisheiten, Gedichte und Erzählungen heranziehen. Letztlich bleibt die Liebe jedoch unbeschreiblich. Keine wörtliche Erklärung könnte dem Gefühl der wahren Liebe gerecht werden. Wenn ich also meine, dass du deinem Körper die Aufmerksamkeit schenken sollst, dann sollst du nicht nur seine äußere Form betrachten. Es geht nicht nur um den Körper, den du sehen und berühren kannst. Dein physischer Körper allein kann dich nicht in den Zustand des Seins versetzen, da er selbst erst durch das Sein zum Leben erweckt wurde. Betrachte ihn eher als die äußere Schale. Das, was du spürst, wenn du in Verbindung mit dem Sein stehst, ist das, was dir innewohnt, nämlich deine Seele. Wenn du deine Seele spürst, dann befindest du dich jenseits des Äußeren, das sich um dich herum befindet. Und je mehr du sie spürst, desto mehr wirst du erkennen, dass du mit etwas Ganzheitlichem verbunden bist. Etwas jenseits von all dem, was du berühren kannst. Du spürst, dass du mit dem, was immer war und nie aufhören wird zu sein, verbunden bist. Solange du aber dem Verstand all deine Aufmerksamkeit schenkst, kannst du diesen Zustand des Seins nicht erreichen. Es ist, als ob du bei dem Ziel, die große Liebe deines Lebens zu finden, nach einem akribisch durchdachten Plan vorgehst. Das kann und wird nicht funktionieren, da Sein nicht funktioniert, sondern ist. Bei den großen Fragen des Lebens handelt die Mehrheit der suchenden Menschen aber scheinbar „nach Plan". Wir sind so sehr mit unserem Verstand verkettet, dass wir lieber hören statt fühlen wollen, wie sehr uns jemand liebt. Das Gefühl an sich ist uns oftmals zu wenig, weil es „nur" die Sprache unseres Herzens spricht. Der Verstand brüllt so laut, dass wir glauben, es wäre wichtiger, ihn zu befriedigen beziehungsweise seine Existenzangst zu lindern. Wir suchen somit überall nach Bestätigung, nach Menschen die uns explizit sagen, dass sie uns lieben. Wir fordern das Wort, aber sehnen uns in Wirklichkeit nach dem Gefühl. Mit dem Sein in der friedvollen Gegenwart ist es nicht anders. Du kannst viele Bücher darüber lesen und dir wertvolle Denkanstöße holen. Letztlich liegt es jedoch immer an dir. Ins Hier und Jetzt kommst du nicht, indem du eine Liste mit raffinierten Tipps durchgehst. Wenn du „die eine Methode" suchst, um in den Genuss deiner Gegenwärtigkeit zu kommen, wirst du enttäuscht und im schlimmsten Fall suchst du dann „Schuldige". Der Weg in dein Herz bleibt dir nicht erspart. Auf diesem Weg beziehungsweise in der Welt des Herzens hat dein Verstand keine Relevanz.

Wenn du dir deinen Verstand als Zug vorstellst, dann gibt es in dieser Welt keine Schienen, die er befahren könnte. Das ist weder gut noch schlecht, es ist nicht zu bewerten. Es ist, wie es ist. Der Verstand kann dies nicht nachvollziehen, weil er die Sprache des Herzens nicht spricht. Er geht aber vom Gegenteil aus, weil wir ihm das viele Jahre lang bestätigt haben. Wir haben in keiner Weise unterschieden und uns daher eingeredet, das zu sein, was der Verstand uns denken lässt. In gewisser Weise ist es in der Welt des Herzens notwendig, das logische Denken zu minimieren, um ganzheitlich zu erfahren, was tatsächlich ist. Um vom zwanghaften Denken des Verstandes wegzukommen und uns des eigenen Seins wieder bewusst zu werden, müssen wir uns unsere Bewusstheit vom eigenen Verstand zurückholen. Hierfür ist es hilfreich, die Aufmerksamkeit ruhig einmal nicht auf das Denken zu richten, sondern auf das, was wir laut vielen spirituellen Lehren abseits der physischen Realität sind: unsere Seele. Was ist die Seele? Philosophen sprechen oftmals von der Essenz des Lebens, welche auch unabhängig von der materiellen Welt besteht. Sie kann nicht sterben, lediglich weiterreisen. Unser Körper ist, für die Zeit, welche wir als Mensch auf dieser Erde verbringen, der Tempel, welchen sie bewohnt. Nach unserem physischen Tod verlässt sie diesen wieder, um sich ein neues Zuhause zu suchen. Auch könnten wir die Seele als den Fahrer und unseren Körper als das Fahrzeug betrachten. Wobei die Existenz des Fahrzeugs zwar zeitlich begrenzt ist, der Fahrer jedoch unsterblich. Er lebt auch weiter, wenn es Zeit wird, das Fahrzeug zu verlassen. Danach reinkarniert die Seele in einem anderen Körper oder in einer anderen Lebensform, so meinen es spirituelle Lehren. Ich meine, dass Reinkarnation, falls es sie tatsächlich gibt, nicht nur auf diesen Planeten und deren Bewohner begrenzt ist, sondern der Seele das gesamte Universum zur Verfügung steht. Um dem Bewohner unseres Tempels näherzukommen, müssen wir uns vorerst dem Tempel, also unserem Körper, annähern. Die Seele wohnt dir inne, also richte deine Aufmerksamkeit auf deine Innerlichkeit. Dazu eine Mini-Übung für dich, die du sofort und an jedem Ort durchführen kannst, wenn du magst. Übungen solcherart sind zu Beginn meist einfacher, wenn du deine Augen schließt. Im Laufe der Zeit wird dir diese Übung viel leichter fallen und folglich kannst du sie auch mit geöffneten Augen durchführen.

Lenke also deine komplette Aufmerksamkeit in deinen Körper. Wie fühlt er sich an? In welchen Teilen deines Körpers fühlt er sich lebendig an? Spürst du dich selbst eher in deinen Armen oder in deinen Beinen? Eher in deinen Händen oder in deinen Füßen? Spürst du, dass dein Körper von einem Energiefeld durchdrungen wird, das alle Bereiche deines Körpers mit Leben versorgt? Spürst du das Energiefeld als ein Ganzes, das deinen gesamten Körper ausfüllt? Fühle das Blut, wie es vom Herz aus durch deinen gesamten Körper rauscht. Versuche jede einzelne Zehe zu spüren. Lenke deine Aufmerksamkeit mal in deine Ellenbogen, fühle auch hier das Leben. Wie fühlt es sich an, wenn du deinen Fokus auf deinen Hinterkopf richtest? Spüre gerne auch deine Fußsohlen, deinen Gaumen oder deine Kniekehlen. Egal, wo du gerade liegst, stehst oder sitzt. Bleibe eine Weile in dieser Haltung und spüre einfach nur in deinen inneren Körper hinein. Du solltest nicht darüber nachdenken, sondern einfach nur bewusst spüren. Je mehr Achtsamkeit du deinem Körper schenkst, desto mehr spürst du ihn. Mit der Ausrichtung deiner Konzentration wird sich der jeweilige Teil deines Körpers lebendiger anfühlen. Das bewusste Körpergefühl, welches du durch diese Übung erlangst, überträgt sich auf deinen täglichen Allgemeinzustand. Bei der ersten Übung spürst du vielleicht nur deine Füße oder deine Hände. Nach und nach weitet sich dein Gespür aber auf deinen gesamten Körper aus. Du kannst dir ein leuchtendes Energiefeld vorstellen, welches deinen Körper ausfüllt und ihn gleichzeitig umgibt. Zu Beginn hilft das vielen Menschen dabei, aufmerksam zu bleiben. Allerdings solltest du versuchen, deine Aufmerksamkeit mehr auf das Gefühl zu lenken als auf bildliche Vorstellungen, denn durch dein Gefühl hast du die Möglichkeit, tiefer zu gehen. Es besteht immer die Möglichkeit noch tiefer in das Gefühl des Seins hineinzugehen. Auch wenn es zuerst nur ein leichtes Pulsieren in deinen Händen oder in deinen Füßen ist, hat es deine Aufmerksamkeit verdient. Versuche jedenfalls gegenwärtig zu bleiben und dich nicht abzuwenden.

Nach einer Weile kannst du versuchen die Augen zu öffnen, während du mit deiner Aufmerksamkeit weiterhin im Energiefeld verweilst. Versuche dann in deinem Körper zu bleiben, während du dich in deiner Umgebung umsiehst. Bewege dich langsam, gehe deinen Weg in aller Ruhe weiter. Auf diese Weise kannst du es im Alltag schaffen, den Kontakt zu deinem Körper aufrechtzuerhalten. Du befindest dich damit andauernd in einem Zustand der Verbundenheit mit ihm. Bei Bedarf kannst du ihn also immer fühlen und das wird dein Leben vertiefen. Denn, je mehr Aufmerksamkeit du auf deinen eigenen Körper richtest, desto weniger kann dich Negativität beeinflussen. Das ist so, weil du den Kontakt zu deiner Seele knüpfst und somit tief im Jetzt verankert bist. Auf diese Weise verlierst du dich nicht mehr im Labyrinth deines Verstandes und auch nicht in der äußeren Welt voller Angst und Schmerz. Du wirst zwar immer noch Gedanken und Gefühle haben, auch Sorgen und Wünsche, aber du entziehst deinem Verstand die nötige Kraft, um dich einzunehmen und kontrollieren zu können. Versuche bei allem, was du tust, im selben Moment nicht einfach nur anwesend, sondern auch bewusst in deinem Körper zu sein, ihn zu spüren. Versuche immer einen Teil deiner Aufmerksamkeit in dir zu lassen und gib sie niemals ausschließlich deinem Verstand oder deinem äußeren Umfeld.

Übe das gerne ein paar Wochen oder Monate lang. Wenn du dich auf das konzentrierst, was du hier und jetzt gerade machst, solltest du deinen Körper währenddessen spüren. So bleibst du in dir verwurzelt. Versuche diesen Zustand so oft zu erreichen, wie es dir möglich ist. Ob beim Essen, in einem Gespräch, beim Spazieren oder jetzt gerade, beim Lesen dieses Buches. Beobachte, wie diese Übung deine Bewusstheit regelrecht erweitert. Nimm dir immer wieder Zeit, um deinen Körper zu fühlen. Das kannst du vor allem dann tun, wenn du im Alltag irgendwo warten musst, beispielsweise am Bahnhof oder vor einer roten Ampel. Je öfter es dir gelingt, desto tiefer schaffst du es, in deinen Körper hinein zu fühlen und, desto mehr stehst du in Verbindung mit dem Sein.

Daraus kann sich ein komplett neues Lebensgefühl entwickeln. Außerdem wird dir diese Übung dabei helfen, deinen Verstand genauer zu beobachten, weil du tief in dir und damit im Hier und Jetzt verankert bist. Besonders in Situationen, in denen du unangenehme Enttäuschungen erlebst oder etwas nicht so funktioniert, wie du es dir ausgemalt hast, kann es passieren, dass deine Reaktionen reflexartig geschehen. In solch bedauerlichen Momenten agiert der Verstand aus der Angst heraus, mit der er sich bereits identifiziert hat. Du solltest dich also in solchen Situationen direkt daran erinnern, dass du kurz in dich hineingehen musst, um dich auf deinen Körper und sein Energiefeld zu besinnen. Das kannst du innerhalb von Sekunden tun. Allerdings sollte es genau in jenem Moment geschehen, indem du der Situation gegenüberstehst. Denn, je länger du wartest, desto mehr Zeit gibst du deinem Verstand, um auf diese Situation wie gewohnt zu reagieren und die Kontrolle erneut zu übernehmen. Wenn du deine Aufmerksamkeit aber direkt auf deinen Körper richtest, hat dein Verstand kaum Gelegenheit, sich einzumischen. Du erhältst die Antwort auf die Situation somit von einer viel tieferen Ebene und kannst daraufhin passend reagieren. Auf diese Weise kannst du deinem Gefühl tatsächlich vertrauen. Das Gefühl, welches deiner reinen Innerlichkeit entstammt, ist jenes, welches mehr Wahrheit umfasst als dein konditionierter Verstand jemals erfassen könnte. Wenn du bewusst Kontakt zu deinem Körper aufbaust, hast du ein starkes Fundament und bist tief in deinem Inneren verwurzelt. Es kann sein, dass du dich bei deinem erstmaligen Zugriff auf deine Innerlichkeit unwohl fühlst. Manche geben an, innere Aufregung oder einen erhöhten Puls zu fühlen. Damit gibt sich jene Emotion zu erkennen, die schon lange in dir weilt. Diese wird dir genau in dem Moment, in dem du die Aufmerksamkeit auf dein Sein richtest, zum ersten Mal bewusst. Wichtig ist, dass du deine Aufmerksamkeit genau diesem ungewöhnlichen Gefühl zukommen lässt. Richte sie einfach nur auf dieses Gefühl, falls so eines oder ein ähnliches aufkommt. Lass dich nicht abschrecken, es macht dir den Weg nach innen frei. Deine wahre Essenz liegt unter diesem Gefühl verborgen. Du musst dieses Gefühl erst überwinden, um dich zu finden und deine wahre Existenz fühlen zu können. Denke aber nicht über das Gefühl nach, sondern beobachte es wieder neutral. Fühle das Gefühl bewusst und nimm es so an, wie es sich zu erkennen gibt. Manche Gefühle lassen sich relativ leicht definieren. Wut oder Angst sind zum Beispiel Gefühle, die wir kennen und klar benennen können. Andere Gefühle sind allerdings vage und schwer zu definieren. Somit spüren wir zum Beispiel innere Unruhe oder generelle Unstimmigkeit, wenn wir noch ungeübt sind. Wichtig ist hierbei jedoch, diese nicht zwangsläufig zu definieren und zuzuordnen, sondern sie lediglich achtsam zu beobachten und sein zu lassen. Nur, wenn du aufmerksam bist, kannst du etwas gewollt transformieren und um aufmerksam zu sein, musst du bedingungslos annehmen können. Aufmerksamkeit ist nichts anderes als fokussierte

Bewusstheit. Wenn man sie richtig einsetzt, bleiben Emotionen nicht lange in einem Körper vorhanden. Bist du allerdings nicht bewusst in deinem Körper und dadurch nicht bewusst im Hier und Jetzt, bleiben Emotionen länger präsent als sie müssten. Das kann sich auf viele Jahre hinweg erstrecken und führt nicht selten dazu, dass einen die klägliche Vergangenheit ununterbrochen begleitet. Das Ganze wird dann scheinbar zu einem Teil von dir und ernährt sich von deiner Energie. Kurzum: Es macht dich ungesund und vergiftet deine Wahrnehmung. Du solltest also deine echten Gefühle nachfühlen und sie niemals vernachlässigen. Sie wollen gefühlt werden und bleiben solange, bis du das mit dem Herzen gemacht hast. Begleitet dich also ein Gefühl schon länger, kannst du dich fragen, ob du es bislang nur mit deinem Verstand erfasst und durchdacht hast. Die hartnäckige Präsenz eines hemmenden Gefühls über einen längeren Zeitraum, wäre definitiv ein Indiz dafür. In vielen Fällen werden Menschen von Schuld oder Selbstmitleid begleitet. Der Mut und die Kraft zur Vergebung sind dann nicht gegeben. Ob wir uns selbst oder einem anderen Menschen nicht vergeben können, ist für das Jetzt nicht relevant. In beiden Fällen hat ausbleibende Vergebung zur Folge, dass wir die Gegenwart nicht erreichen können, obwohl sie zu jeder Zeit unmittelbar vor unseren Augen existiert. Schaffen wir es jedoch, zu vergeben und somit auf den inneren Ärger zu verzichten, können wir das Leid loslassen und Zugang zu unserem Sein erhalten. Wisse, dass das möglich ist.

Du musst nur erkennen, dass dein innerer Ärger, welcher von deinem Verstand erzeugt wird, meist nur in dir ist, damit dein falsches Selbstbild gestärkt wird.

Durch Vergebung leistest du dem Leben keinen Widerstand mehr und erlaubst dir selbst das wahrzunehmen, was tatsächlich ist. Hältst du allerdings an Ärger, Groll und Verletztheit mit der Kralle eines Adlers fest, macht es dich in deiner Wahrnehmung unfrei, weil diese durch künstliche Filter gedämpft oder gar verfälscht und umgewandelt dargestellt werden. Früher oder später äußert sich Groll, der lange im Körper festgehalten wird, auch in Form von körperlichen Krankheiten. Nicht nur darum ist die Annahme dessen, was tatsächlich ist, von höchster Bedeutung. Schaffst du es zu vergeben, kannst du die Energie von deinem Verstand zurückerobern und das falsche Selbstbild erfolgreich loslassen. Erhält dein Verstand nicht die Aufmerksamkeit, die er braucht, um ein falsches Selbstbild zu erschaffen, zeigt sich dir unweigerlich das, was tatsächlich ist, nämlich die friedvolle Gegenwart. Ein wichtiger Punkt ist aber folgender: Nur du kannst vergeben, dein Verstand kann das nicht. In dem Moment, in dem du vergibst, kannst du in deinen Körper gehen und wahre Freiheit spüren. Der Verstand vergibt mit Worten, dein wahres Sein vergibt durch Frieden. Zu Vergebung und ihren Vorteilen liest du später noch mehr. Aber was genau bewirkt eigentlich die achtsame Verbindung zwischen deiner Seele und deinem Körper? Dein Körper steht damit vermutlich in Verbindung mit dem Unphysischen. Dieses ist die Quelle des Bewusstseins, wenn man so möchte. Das Zuhause, aus dem das Bewusstsein kommt und in dem es auch zeitgleich immer ist. Es ist hier und gleichzeitig dort. Ewige Leere, die zu allen Zeiten und bis in den hintersten Winkel mit allem und nichts gefüllt ist. Nehmen wir unsere Seele ganzheitlich wahr, erinnern wir uns quasi selbst an die untrennbare Verbindung zu unserer Quelle. Uns wird klar, dass es sich mit unserem Körper genauso wie mit unserem Verstand und dessen Gedanken verhält: Wir haben einen Körper, sind aber nicht nur unser Körper. Sind wir gegenwärtig, sind wir bewusst. Das Unphysische scheint demnach das ursprüngliche Sein zu sein. Jenes Sein, woraus unser Sein besteht und welches es somit auch gleichzeitig ist. Unser Sein entspringt der Quelle und ist daher nicht von ihr zu trennen. Wenn wir also nicht von dem zu trennen sind, was immer und überall ist, sind wir dann nicht alles? Es mit Worten hundertprozentig treffend zu erläutern ist nicht nur nicht möglich, sondern in Wirklichkeit auch nicht wichtig. Es besteht sowieso außerhalb des Konstruktes unseres Verstandes.

Das Sein ist unphysisch und zu jeder Zeit an jedem Ort. Halte dich aber auch nicht an diesen Worten fest. Ich gebe mein Bestes, um dir die friedvolle Gegenwart näherzubringen. Dabei stehen mir lediglich, genauso wie dir, nur Worte zu Verfügung. Was ich schreibe ist nicht zwingend wahr oder unwahr. Was du hier liest, ist mein Versuch, dir deine Gegenwärtigkeit auf meine

Art und Weise näherzubringen. Meine Worte entsprechen ungefähr meinem Gefühl, welches mich in meiner Innerlichkeit erhellt. Auch meine Worte sind nicht mehr als Erklärungen. Sie sollen aber dazu dienen, dich auf (d)eine tiefere Ebene hinzuweisen. Das ist das Ziel, zu dem ich dir mit aller Liebe verhelfen möchte. Sobald du den Zugang zu deiner wahren Innerlichkeit, deinem Naturell erlangst, weißt du, wovon ich versuche zu sprechen. Du kannst nur herausfinden, wer du bist, wenn du fühlst und nicht logisch nachdenkst. Nur das echte Gefühl aus der Tiefe kann dich der „Wahrheit" näherbringen. Auch ich kann dich nur darauf hinweisen, aber ich kann es dir nicht auf der Ebene deines Verstandes erklären. Tief in dir weißt du genau so viel wie ich und umgekehrt. Ich bin nicht besser und du bist nicht schlechter. Sobald du das Stadium erreicht hast, in dem du innere Verbundenheit und Frieden spürst, weißt du, dass es eigentlich nichts zu befürchten gibt. Du wirst die Essenz des Lebens sofort erkennen, weil sie die unmissverständliche Sprache des Bewusstseins spricht. Um dieses Stadium zu erreichen, solltest du dich ruhig des Öfteren in deinen Körper vertiefen und ihn achtsamer wahrnehmen. In Wirklichkeit musst du nichts werden. Eher musst du einfach wieder anfangen zu sein. Kein Hokuspokus, sondern Fokus, und zwar auf das, was ist. Dein Bewusstsein ist - du bist. Außerdem ist dein Sein zeitlos. Von irdischen Alterungsprozessen sind Seelen ausgenommen, davon waren sie nie betroffen.

Das bedeutet, dass du die Erfüllung, welche du durch das Jetzt erfährst, auch im späten Alter noch fühlen kannst. Das friedvolle Gefühl wird sich nicht verändern. Es kann sich nicht verändern, weil dir das Jetzt immer nur das geben kann, was es ist. Es war, wird und ist friedlich. Der physische Körper wird mit der Zeit älter und verwelkt, was wir übrigens würdevoll begrüßen sollten, anstatt zu versuchen, es mit allen Mitteln zu verhindern. Die Zeit hat aber keinen Einfluss auf dein Sein. Es kennt keine menschliche Zeit, da in der „Welt des Seins“ alles (Vergangenheit, Gegenwart und Zukunft) im selben Moment existiert. Durch deine Bewusstheit wirst du deinen Körper stärker wahrnehmen und dich mit ihm verbinden, aber dein Sein wird nicht altern. In zehn oder zwanzig Jahren wird sich diese Energie in deinem inneren Körper immer noch so anfühlen, wie sie sich jetzt anfühlt. Unabhängig davon, ob du bereits graue oder vielleicht gar keine Haare mehr hast und mit einem Gehstock dahin stolperst. Dein Körper wird im Alter immer noch von diesem Leben erfüllt sein, genauso wie er es jetzt gerade ist und seit deiner Geburt auf dieser Welt war. Ja, für dieses Gefühl musst du dich von deinem unbewussten Zustand lösen und aufhören, außerhalb deines Körpers umher zu schlendern. Sei nicht länger in deinem Verstand gefangen, sondern blicke durch das physische Gitter hindurch. Wenn du im Hier und Jetzt in deinem Körper präsent bist, dann fühlt er sich plötzlich leicht und lebendig an. Immer mehr Menschen berichten, dass die Illusion der Trennung von Materie und dem Unphysischen aufgehoben wird, sobald man den Körper bewusst wahrnimmt und die Existenz der Seele erkennt. Die Grenze verschwimmt sozusagen.

Ein ehemaliger Freund beschrieb es so, dass sich in die Zellen seines physischen Körpers keine Zeit mehr ablegen konnte, sobald er seine volle Essenz vertrauensvoll annahm. Er meint, dass alles irgendwie miteinander verbunden sei und alles mit allem wechselwirkt. Der physische Alterungsprozess sei demnach zwar nicht aufzuhalten, aber durch mehr Bewusstheit und Distanz zum Verstand deutlich zu verlangsamen. Die psychologische Last, welche dein Verstand verursacht, stellt sich scheinbar in den Weg, wenn sich deine Zellen regenerieren oder erneuern möchten. Lenkst du deine Aufmerksamkeit verstärkt auf dein ganzheitliches Sein, wird der physische Alterungsprozess verlangsamt und deine Lebensenergie bleibt dir bis ins hohe Alter erhalten. Auch dein Immunsystem profitiert davon, denn immer, wenn du in deinem inneren Körper bist, bringst du Bewusstheit in deinen Körper und erweckst deine Zellen quasi zum Leben. Dein Körper liebt deine volle Aufmerksamkeit. Deine Zellen freuen sich, wenn du ihnen Beachtung schenkst. Die Kraft der Selbstheilung kann dadurch in Gang gesetzt werden. Wenn du allerdings nicht in deinem Körper bist, du dich mit deiner Bewusstheit immer weiter von dir selbst entfernst, entsteht Krankheit in dir.

Allein durch deine bewusste Präsenz machst du es Krankheiten schwer, sich einzuschleichen. Dabei wird nicht nur das Immunsystem deines Körpers gestärkt, sondern auch das deiner Psyche wird verbessert. Ein starkes psychisches Immunsystem wirkt wie ein Schutzschild gegen die emotionalen Kraftfelder von Menschen in deiner Umgebung. Jene Kraftfelder können dich sonst anstecken. Wenn du in deiner Ganzheitlichkeit bist, dann erhöht sich deine Schwingungsfrequenz, von dem dein gesamtes Energiefeld betroffen ist. All die Energiefelder um dich herum, die auf einer niedrigeren Frequenz schwingen, weil sie zum Beispiel von Angst, Wut und Neid erfüllt sind, können dich kaum noch erreichen. Selbst dann nicht, wenn diese Dinge dein Energiefeld jetzt betreten würden. Dann würden sie einfach nur durch dich hindurch gehen und könnten nicht mehr auf dich abfärben. Wenn wir uns große Sorgen machen, ist der Verstand sehr aktiv und hat so viel Kraft, dass es beinahe unmöglich ist, ihm die Aufmerksamkeit zu entziehen und sie auf unser Sein zu richten.

Dabei kann es hilfreich sein, wenn du primär auf deine Atmung achtest. Bewusstes Atmen ist Teil von allen Meditationen und in der Lage, dich schnell in einen ruhigen Zustand zu versetzen. Versuche deinem Atem einfach zu folgen und spüre, wie er in deinen Körper hinein- und wieder aus deinem Körper herausströmt. Natürlich kannst du auch das wieder in einer angenehmen Liege- oder Sitzposition durchführen. Lasse den Atem bewusst in deinen Bauch hineinströmen und spüre, wie sich deine Bauchdecke mit jedem Einatmen hebt und sich mit jedem Ausstoß wieder senkt. Du kannst dir auch vorstellen, dass du in einem See von Bewusstsein liegst und von frischer Energie umgeben bist. Vielleicht gefällt dir die Vorstellung einer Wolke, welche dich trägt, besser. Nutze gerne deine Fantasie, um schöne Bilder und gedankliche Orte zu erschaffen. Hier kannst du die Energie der Gegenwart mit jedem Atemzug aufnehmen. Fühle dabei, wie sie mit jedem Atemzug in deinen Körper hineinfließt und ihn von innen heraus ganzheitlich ausfüllt. Konzentriere dich mehr und mehr auf das innere Gefühl der Leichtigkeit. Wichtig ist, dass du dich voll und ganz auf das Gefühl konzentrierst und die physische Realität für ein paar Minuten ausblendest. Nachdem du wieder zurückkommst und deine Augen langsam öffnest, kannst du noch ein paar Minuten lang schweigen, um deine Reise sickern zu lassen. Diese Übung kannst du gerne nebenbei, ortsunabhängig anwenden. Zu Beginn reichen fünf Minuten vollkommen aus. Meditative Übungen können dich, wenn du sie übertreibst, abheben lassen, sodass du den Boden dieser Realität unter den Füßen verlierst und nur noch hilflos durch dieses Leben schwebst. Sei also vorsichtig und habe Geduld. Sei gerne in (d)einer physischen Realität und genieße sie, anstatt vor ihr flüchten zu wollen. Beginne daher gerne mit fünf Minuten und wisse, dass diese absolut ausreichend sein werden, sobald du ein gewisses Gespür für die ganze Sache entwickelt hast. Je höher deine Bewusstheit im Hier und Jetzt ist, desto kürzer fällt deine Übung aus. Irgendwann ist sie gar nicht mehr notwendig. Aus fünf Minuten werden vier und so weiter. Du wirst mit deiner Gegenwärtigkeit fusionieren. Ab hier bedarf es keiner weiteren Übung mehr. Dein Fokus wird sich auf das Wesentliche richten. Auch, wenn du deinen Verstand für ein bestimmtes Vorhaben nutzen möchtest, kann dir deine Ganzheitlichkeit dabei helfen. Wenn du es schaffst, bewusst zu sein, ohne dabei zu denken, kannst du deinen Verstand kreativer einsetzen als jemals zuvor. Gehe einfach in deinen Körper, wenn du in eine Situation gelangst, in der du eine Lösung oder eine Idee benötigst. Stelle für einen Moment deine Gedanken ab (wie in der Übung) und lenke deine Aufmerksamkeit auf das leichte Energiefeld in dir und um deinen Körper herum. Erlebe für einen Augenblick die Stille in dir, genieße sie und sei dankbar für ihre Existenz. Schöpfe Kraft aus deiner ganzheitlichen Essenz und nutze sie für dein Vorhaben. Du bittest dich quasi selbst um Unterstützung und greifst auf dein unendliches Potential zu, das sowieso vorhanden ist. Kurz danach kannst du wieder mit dem bewussten Denken beginnen und hast einen klaren Kopf. So kannst du der inneren Stille für einige Minuten oder Augenblicke (je nach Bedarf) zuhören, bevor du das Denken fortsetzt. Damit denkst du nämlich nicht nur mit deinem Kopf, sondern wirkst mit deinem ganzen Sein. Außerdem kannst du dies einsetzen, wenn du jemandem zuhören möchtest. Höre deinem Gegenüber nicht mit deinem Verstand zu, sondern nutze dazu deine volle Existenz. Bleibe mit deiner Aufmerksamkeit in dir. Dadurch bekommt dein Denken keine Aufmerksamkeit von dir und es entsteht eine Stille, die dir dabei hilft, deinem Gegenüber richtig zuzuhören. Der Verstand hat dann keine Chance, sich einzumischen. Du nimmst bedingungslos an, was ist. In diesem Fall das, was dir erzählt wird und das wiederum ohne primär zu beurteilen. Du verschaffst deinem Gesprächspartner wertvollen Raum. Er darf einfach da sein. Wie du selbst wahrscheinlich weißt, ist gerade das, in einer hektischen Welt, sehr wertvoll.

Viele Menschen haben keine Ahnung davon, wie sie anderen richtig zuhören können. Sie richten ihre Aufmerksamkeit zu sehr auf ihr Denken und weniger auf das, was der andere sagt und vor allem meint. Sie geben dem Gegenüber kaum Raum, weil sie zuhören, um zu antworten. Dabei sollten wir viel mehr zuhören, um zuzuhören. Oft erfahren wir Antworten eher durch einfaches Zuhören, während das aktive Antworten nicht selten für Unklarheiten sorgt. Die Stille ist bekanntlich voller Antworten.

Du kannst das Sein deines Gegenübers nur fühlen, wenn du dein eigenes Sein fühlst. Dadurch bildet sich eine Einheit, die auch als Liebe bezeichnet werden kann. Wenn du verinnerlichst, dass du als Seele mit allem verbunden bist, was um dich herum existiert, wirkst du auch verstärkt auf alles, was dich umgibt.

Viele zwischenmenschliche Beziehungen basieren auf abwegigen Ideen und Bildern, die vom Verstand gemacht wurden und werden. Aufgrund dessen können unzählige Menschen kaum miteinander kommunizieren und sich somit auch nicht mit dem Herzen verbinden. Wird das Fundament einer zwischenmenschlichen Beziehung auf der Ebene des Verstandes gebaut, entstehen früher oder später Konflikte, welche mit dem üblichen Vorgang des Verstandes wiederum nicht gelöst werden können. Das Wachstum der Beziehung befindet sich dadurch in einem aussichtslosen Labyrinth.

Es wird unterdrückt und erzeugt somit Druck, um sich den nötigen Raum zu verschaffen. Das nimmt nicht selten unerfreuliche Ausmaße an. Das gilt für das ganze Leben auf dieser Welt: *Wenn der Verstand die volle Aufmerksamkeit hat, sind Probleme und Konflikte vorprogrammiert.* Diese können auf keiner anderen Ebene sonst existieren. Die Verbindung zur Quelle schafft hingegen genug Raum für Frieden. Dein neues Leben in der friedvollen Gegenwart erwartet dich also mit offenen Armen.

KAPITEL FÜNF

Nimm deine natürliche Umgebung wahr

Damit du die Schönheit der Natur bewusst wahrnehmen kannst, musst du gegenwärtig sein. Nur so kannst du mit ihr interagieren. Der erdige Waldboden unter deinen Füßen, das Summen einer Biene, die verschiedenen Grüntöne der Pflanzen, das Geräusch des Windes oder der einfache Anblick des Baumes mitten in der Stadt vermitteln dir das Gefühl von purem Leben, wenn du gegenwärtig bist. Diese Erfahrung kannst du nur machen, wenn dein Verstand still ist. Es ist nötig, ihn mitsamt deinen Erinnerungen aus deiner Vergangenheit und den Sorgen oder Vorhaben, deine Zukunft betreffend, zu pausieren. All dein Wissen darfst du gerne beiseiteschieben, um unvoreingenommen zu erfahren, was ist. Die nackte Schönheit der Natur lässt sich nicht mit dem Verstand wahrnehmen. Damit du weißt, was damit gemeint ist, kannst du gerne mit dem Hören beginnen. Was nimmst du jetzt gerade akustisch wahr?

Vielleicht hörst du einen Hubschrauber über dir fliegen, die auf den Boden aufprallenden Regentropfen, Krähenlaute oder die Musik aus dem Radio deines Nachbarn. Soweit so gut, aber ich möchte dir etwas anderes näherbringen. Versuche dein Gehör nicht auf jegliche Geräusche in deiner Umgebung zu richten, sondern lausche einzig und allein der Stille. Wenn du also das Radio deines Nachbarn hörst, versuche die Stille dahinter zu hören. Das klingt widersprüchlich, aber der Ton hat seinen Ursprung bekanntlich in der Stille. Im Hier und Jetzt sollst du gewissermaßen zwischen den Tönen hören, um deine Umgebung vollwertig zu erfahren. In meinem Jugendalter kam ein Freund auf mich zu, um mich von einer modernen Musikrichtung zu begeistern, die er als Hobby-DJ für sich entdeckt hatte. Als Jugendlicher lebte ich in meiner eigenen Blase und war kaum offen für Unbekanntes. Als ich meinem Freund zu verstehen gab, dass ich der neuen Musikrichtung abgeneigt gegenüberstehe, meinte er zu mir: „Es geht nicht um das, was du hörst. Es geht um das, was du nicht hörst“. Eine wirre Aussage, die ich erst spät verstand. Ich bin davon überzeugt, dass wir Schwingungen, Frequenzen, Energien wahrnehmen. Ich kann kein Wort sagen, ohne Energie abzusenden, keine Tat begehen, ohne in das Frequenzfeld dieser Welt einzuwirken. Die Stille ist somit nicht leer, sie ist voller Antworten. Wenn man so möchte, ist sie „die Antwort“. Wenn wir schweigen und nichts anderes tun, als die laute Stille akustisch wahrzunehmen, erhalten wir eine Zusammenfassung dessen, was jetzt gerade tatsächlich ist. Wenn du durch einen Wald spazierst, stellt sich deine Schwingungsfrequenz automatisch darauf ein. In der nackten Landschaft, fernab von Autos und jeglicher Technik, scheinst du dich instinktiv auf das, was ist, einzuschwingen.

Viele gehen in den Wald, um zu regenerieren und den alltäglichen Stress zu reduzieren. Es ist wunderschön, wenn wir uns dadurch wieder kräftiger, aufgetankt fühlen. Aber versuche bei deinem nächsten Spaziergang in der Natur, in eine noch weitere, bewusstere Ebene einzutauchen. Deine Bewusstheit ist im Wald schlagartig höher als in der Großstadt, dafür musst du kaum etwas anderes tun, als im Wald zu sein. Dieses Level ist sicherlich angenehm, aber was, wenn du deine Bewusstheit noch deutlich schärfen kannst, um noch mehr von dem wahrzunehmen, was hier und jetzt tatsächlich ist? Wenn du den Specht klopfen hörst, versuche dein Gehör davon abzuwenden. So schön es auch sein mag, hör nicht hin. Richte dein Gehör mal auf das, was du nicht hörst, um zu hören, was du sonst nicht hörst, wenn du meinst, zu hören. Das mag paradox klingen, aber die Stille ist sehr laut. Manche Kampfsportler verbinden sich beim Training die Augen, damit sie ihren Trainingspartner nicht sehen können. Dabei besteht das Ziel darin, die Annäherung des Gegners wahrzunehmen, ohne ihn zu sehen. Es wird von der Energie gesprochen, die jeder von uns ausstrahlt. Tatsächlich wird der Gegner mit der Zeit gekonnt abgewehrt und auf Distanz gehalten. Alles ist Energie und wir Menschen sind eigentlich auch dazu in der Lage, sie wahrzunehmen. Wir bewegen uns ununterbrochen durch ein Gewölbe von Energien, Frequenzen und Schwingungen. Davon ist niemand ausgenommen. Du kannst nicht existieren und gleichzeitig nicht in Berührung mit allem sein, was da ist. Diese Vorstellung ist eine Illusion, die dich kleiner macht als du bist. Springst du ins Meer, bist du doch auch nass. Du kannst dich nicht nackt im Wasser aufhalten und dabei trocken bleiben. Betrachte das Wasser hierbei als jene allumfassende Energie, welche an jedem Ort, zu jeder Zeit unweigerlich mit dir in Berührung ist. Mit ihr bist du stets verbunden, weil du selbst ein Bestandteil dieser Energie bist. Sich davon zu trennen ist ein Ding der Unmöglichkeit. Die Energie, welche uns ständig umgibt, ist wie das Wasser, das für den Meeresbewohner allgegenwärtig ist, nur mit dem Unterschied, dass diese Energie nicht irgendwo endet. Sie kann nicht enden, denn sie ist alles, was ist und du bist in sie hineingesprungen, um ein Teil davon zu sein. Wenn du also der Stille lauschst, hörst du gleichzeitig alles, was ist. Die Stille ist wie du, denn auch sie hält sich in diesem Konstrukt auf. Es gibt kein Geräusch, das ohne Stille existieren kann. Versuche diese Erkenntnis in deinen Alltag zu integrieren. Nimm zum Beispiel die Stille zwischen deinen Worten in einem Gespräch wahr. Je mehr du auf die äußere Stille achtest, desto mehr innere Ruhe erlangst du. Durch sie schweigt dein Verstand automatisch. So wie Geräusche nicht ohne die Stille existieren können, können Dinge nicht ohne dem Nichts existieren. In der Schule wird uns schon sehr früh erzählt, dass physische Körper, wie wir sie kennen, größtenteils aus dem Nichts bestehen, viel mehr als aus fester Materie. Die Abstände zwischen den einzelnen Atomen sind im Verhältnis zu den Atomen selbst viel größer. Angeblich bestehen die Atome an sich wiederum zum größten Teil nur aus leerem Raum. Anstatt also auf die Dinge zu achten, solltest du mehr auf den Raum zwischen ihnen achten. Wollen wir das Nichts mit unserem Verstand berühren, erfahren wir es nicht so, wie es ist. Dasselbe geschieht, wenn wir versuchen, das Hier und Jetzt mithilfe einer Uhr zu erfassen. Das ist nicht möglich, denn das Jetzt ist quasi das, was zwischen dem Ticken des Zeigers ruht. Der Moment, in dem wir es auf übliche, menschliche Weise beobachten möchten, ist der Moment, in dem es sich augenscheinlich verändert. Das Beobachtete präsentiert sich immer unseren Erwartungen entsprechend. Wir sehen also nicht die „nackte Wahrheit", sondern immer ein auf unsere Wahrnehmungsfähigkeit angepasstes Bild, eine Übersetzung. Wir können das Hier und Jetzt also nur erfahren, indem wir es erfahren.

Was nimmst du wahr, wenn du zu Hause bist? Was steht alles in deinem Wohnzimmer rum? Vielleicht siehst du Möbel, möglicherweise hängen Bilder an den Wänden. Du siehst auf jeden Fall Wände und einen Boden. Aber das wichtigste an deinem Zimmer ist der Raum. Ohne Raum gäbe es kein Zimmer. Damit ist nicht dein Wohnraum gemeint, sondern der Raum, in dem sich all das befindet, was ist und nicht ist. Schenke den Objekten keine Beachtung mehr und achte einzig und allein auf den Raum selbst. Erfahre das Nichts und somit alles. Wenn du deine Aufmerksamkeit von den Objekten wegleitest und auf den Raum selbst richtest, in dem sich die Objekte befinden, verändert sich deine Bewusstheit. Die Objekte im Raum, wie zum Beispiel die Kommode oder der Esstisch, sind Objekte, die wir in dieser Welt mit unserem Verstand kreieren. Sie sind gewissermaßen nur in dieser Gestalt existent, weil wir sie mit unserer Beobachtung so sein lassen. Wir nehmen sie mit unseren menschlichen Sinnen wahr. Das Leben ist, was wir daraus machen. Den Raum an sich kannst du demnach nicht mit deinem Verstand wahrnehmen, sondern nur mit deinem Bewusstsein. Dein Bewusstsein ermöglicht deinem Verstand das Kreieren von Objekten und der Raum verschafft ihnen Raum, um zu sein. Sobald du aber den Objekten im Raum deine Aufmerksamkeit entziehst, lenkst du deine Aufmerksamkeit ebenfalls weg von allen anderen „Objekten" deines Verstandes und kommst somit in deine Gegenwärtigkeit. Genau das kannst du anstreben, um den leeren Raum wahrzunehmen. Du kannst nicht engstirnig mit dem Verstand denken und gleichzeitig den allumfassenden Raum wahrnehmen. Das ist, als ob du nackt im Ozean tauchst und nach einer trockenen Stelle auf deiner Haut suchst. Du wirst sie selbstverständlich nicht finden. Obwohl nichts ohne den Raum entstehen könnte, ist der Raum eigentlich nichts. Wenn du in der Nacht draußen bist und den Sternenhimmel betrachtest, dann wirst du bei klarer Sicht tausende Sterne sehen. Aber wie viel siehst du von dem, was „da draußen" ist? Das, was du siehst, ist viel, aber ist es das in Relation auf alles immer noch? Es ist beeindruckend wie weit, tief und still der Raum scheinbar ist. Er ist endlos leer und gleichzeitig voll, genauso wie das Hier und Jetzt. Die Gegenwart ist das Nicht-Greifbare. Diese Stille und Weite ist also nicht nur im Universum zu finden. Sie befindet sich auch in dir, hier und jetzt, weil du hier und jetzt bist. Der Raum in dir ist endlos tief und weit, und zwar nicht nur in seiner Ausdehnung. Diese unendliche Tiefe ist nicht als räumliche Ausdehnung zu

verstehen. Diese Tiefe ist das, was du bist: Ewigkeit und Unendlichkeit im Hier und Jetzt. Ewigkeit und Unendlichkeit stellen dein ursprüngliches Sein dar. Es war, ist und wird immer sein und das zur selben Zeit. Mach dir das bewusst, um in dieser Welt friedlich zu wandern. Bei dieser Betrachtung existiert deine Umgebung zwar weiterhin, aber sie fesselt dich und deine Wahrnehmung nicht mehr. Durch deine erhöhte Bewusstheit kannst du deine Umgebung ganzheitlich wahrnehmen und gleichzeitig bei oder in dir bleiben. Du weißt, dass hier und jetzt alles gut ist und du mit deinem bewussten Sein auf das Ganze Einfluss nehmen kannst, zu jeder Zeit. Im Buddhismus wird auch Folgendes gelehrt: „Gäbe es keine Illusion, gäbe es keine Erleuchtung“. Nur durch die Welt und durch dich kann sich das Nicht-Greifbare entfalten. Genauso wie es nur Raum gibt, wenn es auch Objekte gibt. Da bekommt der Spruch: „Geben und Nehmen“ gleich eine elementare Bedeutung. Vielleicht sind wir also hier, um zu erschaffen, zu gestalten, zu sein und dadurch alles, was ist, erst zu ermöglichen. So wichtig sind wir - **so wichtig bist du!**

KAPITEL SECHS

Wertschätzung als Wecker

Jeder Moment ist einzigartig. Allein diese Tatsache müsste uns wachrütteln. Zu wissen, dass du hier und jetzt etwas erlebst, was du so nie wieder erleben wirst, müsste dir den Einstieg in die Gegenwart doch schmackhafter machen als alles andere auf dieser Welt. Alles, was du erlebst, erlebst du nur ein einziges Mal exakt so, wie du es erlebst. Du kannst deine lustige Geburtstagsfeier aus dem Vorjahr versuchen zu wiederholen und diese kann dir erneut Spaß bereiten, aber dieselbe wirst du nicht noch einmal erleben. Du kannst einen vergangenen Jetzt-Moment nicht originalgetreu wiederholen, weil dieser nicht mehr existieren kann. Du kannst dieselben Gäste einladen, den gleichen Veranstaltungsraum mieten, dieselbe Musik wie im Vorjahr spielen lassen, aber niemals kannst du dieselbe Feier nochmal erleben. Hättest du die Geburtstagsfeier vollkommen bewusst im Hier und Jetzt wahrgenommen, wäre dein Verlangen nach einer genauen Wiederholung nur minimal. Wir sehnen uns meist dann nach einer exakten Wiederholung eines

Erlebnisses, wenn wir im Nachhinein in Erinnerungen schwelgen und uns dabei auffällt, dass wir damals bewusster hätten genießen sollen. Wir wollen Erinnerungen für das Herz erschaffen und nicht nur für unseren Verstand. Der Verstand lässt uns zwar auf Bilder zurückblicken, gibt uns aber das Gefühl, dass wir selbst gar nicht wirklich dabei waren. Dadurch entsteht Wiederholungsbedarf. Wir spüren intuitiv, dass wir Erinnerungen erschaffen sollten, welche wir im Herzen abspeichern, denn nur hier bleiben sie erhalten und haben eine heilende Wirkung auf unsere Ganzheit. Das eigene Leben bewusst zu leben, das ist das größte Geschenk, welches du deinem Leben machen kannst. Es will gelebt werden und das so bewusst wie möglich, damit du auf dieser Reise und in allen Belangen so glücklich wie möglich bist. Was wir mit dem Herzen erleben, speichern wir für alle Zeiten ab. ***Was wir mit dem Verstand abspeichern, haben wir nicht zur Gänze erlebt.*** Natürlich ist es nicht immer ein Entweder-oder. Mal nehmen wir Erlebnisse mehr mit dem Herzen wahr als mit dem Verstand und mal umgekehrt. Gelingt es uns durch Dankbarkeit im Jetzt zu sein, erleben wir mit dem Herzen und speichern uns das Erlebte dementsprechend als ewige Erinnerung ab. Die Ebene des Herzens entspricht der Frequenz bedingungsloser Dankbarkeit. Hier lässt dich dein Herz mehr sehen als du mit deinen Augen jemals wahrnehmen könntest. Der Einstieg in die friedvolle Gegenwart ist der Aufstieg zur Ebene des Herzens. Hier erlebst du alles bewusst, sodass später kein Drang zur

Wiederholung besteht. Auf dieser Frequenz bist du dir der Einzigartigkeit jedes Momentes bewusst. Deine Wertschätzung ist hier nicht etwas, das du unbedingt mit Worten verkündest. Sie ist Teil deines Seins und du bist unweigerlich mit dem Jetzt verbunden.

Lass uns noch einmal auf den Titel dieses Kapitels blicken - „Wertschätzung als Wecker". Wenn also jeder Moment unseres gesamten Lebens einzigartig und besonders ist, warum fällt es uns Menschen dann so verdammt schwer, die Augenblicke im Hier und Jetzt zu genießen? Vielleicht ist das der Grund, weshalb sich viele erwachsene Personen wünschen, die Zeit anhalten zu können. Normalerweise sind es die Kinder, die es sich wünschen, die Zeit stoppen zu können. Vielleicht liegt es daran, dass sie mit ihrer Intuition noch viel mehr verbunden sind als Erwachsene. Sie spüren intuitiv, wann die Zeit es wert wäre, sie einfach anzuhalten. Wieso können das erwachsene Menschen nicht, nicht mehr? Sind die Kinder vielleicht auch insbesondere deshalb viel dankbarer als es ein erwachsener Mensch je sein könnte? Kinder machen sich im Grunde keine Gedanken über den nächsten Tag. Sie leben den Moment und genießen ihn. Manchmal denken sie über den nächsten Tag oder über ein größeres Ereignis nach, doch hauptsächlich fokussieren sie sich auf den Moment und das, was genau in jenem geschieht. Ist das vielleicht eine Gabe, die wir im Laufe unseres Lebens verlernen oder gar bewusst abgeben? Lass uns in diesem Zusammenhang über Dankbarkeit und Frieden nachdenken und herausfinden, wie diese beiden Elemente miteinander verbunden sind.

Dankbarkeit ist Frieden

Mach dir in den verschiedensten Situationen klar, dass jeder Moment einzigartig ist. So kannst du jedes Gespräch, das du führst, auf einer tieferen Ebene wahrnehmen. Du wirst nicht nur sprechen und zuhören, sondern zutiefst dankbar dafür sein, diese Erfahrung machen zu können. Die Fähigkeit, zutiefst dankbar für das, was hier und jetzt ist, zu sein, verleiht jeder Situation, ob gut oder schlecht, Sinn. Es spielt dann in erster Linie keine Rolle mehr, warum das geschieht, was gerade geschieht. Was auch immer es ist, es wird erstmal angenommen, und zwar ohne Bedingungen. In weiterer Folge entscheidet man klar darüber, ob und wenn, wie man auf gewisse Situationen reagiert. Im ersten Kapitel steht bereits geschrieben, dass wir uns besinnen müssen, um Kraft aus der Ruhe zu schöpfen. Genau das wird durch bedingungslose Dankbarkeit gelebt. Der eigene Geltungsdrang und das zwanghafte Mitteilungsbedürfnis treten in den Hintergrund und somit ergibt sich die Chance, den einzigartigen Moment bewusster und gelassener wahrzunehmen. Sei es in einer Gesprächsrunde oder sogar in einem Streit. Du lässt deine Energie nicht in jede beliebige Situation fließen, sondern stets in den jeweiligen Moment, weil du seine Einzigartigkeit schätzt und dir alles andere

„überflüssig“ vorkommt. Auf der Ebene des Herzens macht es für dich keinen Sinn, sich zu streiten, sich zu bekriegen. Was hier zählt, ist die friedvolle Gegenwart, welche du nicht durch unnötige Aufregung ersetzen möchtest. Natürlich ist nicht jeder Streit sinnfrei. In vielerlei Hinsicht sind Streitereien durchaus nötig, um erst in Schwung zu gelangen, aber auf der Ebene der Dankbarkeit geht es um die bedingungslose Dankbarkeit für das Leben und alles, was du darin glücklicherweise erfahren darfst. Mit dieser verinnerlichten Grundhaltung hat auch die bereits erlebte Vergangenheit keinen negativen Einfluss mehr auf dich. Echte Dankbarkeit verleiht deiner Vergangenheit und jeder einzelnen Phase, an die du dich zurückerinnern kannst, einen tiefen Sinn. Dankbarkeit lässt dich zuverlässig wissen, dass jedes Hoch und jedes Tief genau so kommen musste, wie es zu jener Zeit der Fall war. Qualvolle Episoden aus deiner Vergangenheit können hier mit sanftem Verständnis, anstatt wie bisher mit bodenloser Traurigkeit, wahrgenommen werden. Vor der Zukunft wirst du ebenfalls keine Angst mehr haben. Du kannst nicht bedingungslos dankbar sein und gleichzeitig Angst haben. Wenn du das, was ist, bedingungslos schätzt, bedeutet das auch, dass du das, was kommen wird, ohne Bedingungen schätzen wirst. Denn das, was kommen wird, wird wieder nur das sein, was ist. Selbst das anstrengende Gespräch mit deinem Vorgesetzten fällt dir mit diesem tiefen Verständnis leicht. Das mag ungewöhnlich klingen, aber tatsächlich wirst du für Erlebnisse und Situationen dankbar sein, denen du zuvor mit

Ärgernis begegnet bist. Dies ist der Fall, weil du den Moment an sich schätzt und kein Raum mehr bleibt, um Unwichtiges persönlich an dich heranzulassen. Echte Dankbarkeit ist nur im Jetzt möglich und dieses ist nichts als purer Frieden. Bist du dankbar, bist du im Jetzt und damit im Frieden zu Hause.

Als unwichtig gibt sich für dich all das zu erkennen, was nicht friedlich ist. Das heißt nicht, dass du „wegschaust", wenn eine bedeutende Sache deine Aufmerksamkeit bräuchte. Genau das Gegenteil ist der Fall: Du siehst da hin, wo deine Aufmerksamkeit gebraucht wird, um Frieden zu stiften. Du lenkst deine Energie in jene Richtung, in der sie etwas Positives bewirkt und du lässt sie eher dort weg, wo aktuell noch nicht genug Bewusstheit für das Wesentliche vorhanden ist. Letzteres tust du nicht, weil du ignorant oder kaltherzig bist, sondern weil du verstanden hast, dass du deine Energie auf dich selbst konzentrieren musst, wenn du auf das Gesamte Einfluss nehmen möchtest. Durch echte Dankbarkeit wird dir klar, dass eigentlich alles gut ist, wie es ist und diejenigen, die sich noch auf das „Ungute" konzentrieren, schlichtweg noch ihre Zeit brauchen, um das Wesentliche zu erkennen und anzunehmen. Wenn ein junger Mensch plumpe Wertvorstellungen und Bedürfnisse hat, die seiner Pubertät entspringen, hast du dann das starke Bedürfnis, ihn vom „wahren Leben" zu überzeugen? Ich weiß, viele Volljährige versuchen genau das und scheitern klarerweise kläglich. Als erwachsene Menschen wissen wir jedoch, dass diese Phase durchlebt werden muss, damit der Jugendliche ein natürliches Gespür für das Wesentliche entwickelt. Er muss erWACHsen werden, ohne, dass wir missionarisch in seine Pubertät eingreifen. Das Leben ist Bewegung, es will fließen. Sollten wir also den natürlichen Fluss von seiner Route abbringen? Wir sollten Verantwortung übernehmen und Handeln, wenn es notwendig scheint, aber wir müssen uns nicht immer und überall einmischen, weil wir es bereits „besser wissen". Den natürlichen Fluss des Lebens können wir ruhig fließen lassen. Wir können ihn sogar genießen. Demgemäß ist selbst die „ungute" Phase der Pubertät „gut" und das wird dir durch bedingungslose Dankbarkeit einmal mehr bewusst. Diese Sichtweise überträgt sich auf alle Lebensumstände, seien sie noch so zäh. Das gesamte Leben ist demnach „gut", auch wenn wir das (wie in der Pubertät) nicht sofort erkennen. Probleme werden zu Herausforderungen und Dramen entpuppen sich als interessante Theaterstücke. Durch Dankbarkeit können wir als Zuschauer Platz nehmen und die lebhafte Show in einer seelenruhigen Haltung genießen.

Gewöhnliche Dankbarkeit

Ich stelle vielen Menschen die Frage, ob sie dankbar sind. Noch nie, wirklich kein einziges Mal, hat mir einer mit einem „Nein“ geantwortet. Jeder einzelne war stets der Überzeugung, dankbar zu sein. Dabei handelt es sich meist um ein völlig falsches Verständnis von Dankbarkeit. Du kannst meinen, dankbar zu sein, es auch sagen und es dennoch nicht wirklich sein. Wie ist das gemeint? Schau, wenn wir ehrlich sind, erachten wir Dinge, Umstände und Faktoren ziemlich schnell als selbstverständlich. Über vieles machen wir uns so gut wie gar keine Gedanken, weil wir es als gegeben betrachten. Allgemein scheinen die meisten von uns denkfaul, da wir uns das eigenständige Denken immer mehr abnehmen lassen. Geht es um die eigene Familie, den geliebten Partner oder den tierischen Lebensbegleiter und deren Gesundheit, sind wir uns schnell einig. Unsere Liebsten schätzen wir und das kommuniziert beinahe jeder, der gefragt wird, wofür er dankbar ist. Hakt man nach, indem man wissen möchte, wofür Menschen noch dankbar sind, werden Dinge wie das Dach über dem Kopf, die Gesundheit und die finanzielle Lage (sehr oft gerade mal ausreichend) aufgezählt. Und hakt man nochmals nach, wird es für die meisten schon schwierig, eine Antwort zu finden. Woran liegt das? Mitnichten daran, dass es nichts gäbe, wofür wir dankbar sein könnten. Vielmehr ist unsere Denkweise, die Art wie wir nach Antworten suchen, mit sehr viel Negativität behaftet, auch wenn uns das nicht immer klar ist. Auch unsere Denkweise sehen wir als gegeben. Wir sind es gewohnt, so zu denken, wie wir denken. Immerhin machen wir das schon seit einigen Jahren und unsere üblichen Antworten auf übliche Fragen reichen vollkommen aus, um durch den üblichen Alltag zu kommen. Wofür also bewusster nachdenken, umdenken und neu denken? So schlendern wir berauscht dahin und nennen den Stolperkurs unser Leben. Berauscht sind wir von den „ganz normalen" Ablenkungen um uns herum. Wir tauschen wertvollste Lebenszeit gegen wenig Geld. Damit bezahlen wir die Wohnung, in der wir uns kaum aufhalten können, weil wir wiederum mit der Beschaffung des Geldes beschäftigt sind. Wir schauen uns um, sehen, dass das „jeder" so macht, hinterfragen deshalb nicht und stolpern stolz, erhobenen Hauptes weiter. Durch die bedingungslose Annahme dieses wahnsinnigen Verhaltensmusters haben wir uns mit den Jahren ein Konstrukt aufgebaut, welches wir nicht mehr so einfach verlassen können, ohne mit unangenehmen Konsequenzen rechnen zu müssen. Eigentlich wollen wir leben, uns entfalten und unsere eigenen Wertvorstellungen in unseren Alltag integrieren. Wir möchten unsere Lebenszeit nutzen, um das Geschenk des Lebens annehmen und genießen zu können, aber haben uns mit unserer wahnsinnigen Idee von einem

„normalen“ Leben längst selbst in die Ecke der Undankbarkeit getrieben. Für echte Dankbarkeit und Wertschätzung scheint es in dieser Ecke keinen Platz zu geben. Wir befinden uns im Tiefschlaf und erst, wenn der Schmerz groß genug wird, besteht für jeden einzelnen die Chance, aufzuwachen, um der Ecke den Rücken zuzuwenden. Der Leidensdruck muss das Maximum erreichen, damit wir es endlich wagen, uns zu verändern. Davor fehlt uns einfach die Zeit dazu. Aber wie können wir dankbar sein, wenn wir glauben „keine Zeit“ zu haben? Solange wir uns damit abfinden keine Zeit zu haben, sind wir nicht wirklich dankbar, auch dann nicht, wenn unser Verstand das trügerischerweise behauptet. Dieser Glaubenssatz entspringt nun mal seinem Programm, seiner Meta-Wurzel. Wenn aber das künstliche Konstrukt das ist, worin wir fast unsere komplette Lebenszeit investieren, wofür genau haben wir dann eigentlich keine Zeit? Wenn wir unsere Zeit aufbringen, um unseren Kredit abzubezahlen, all die anderen Schulden zu begleichen und ständig nur handeln, um unsere „Lebenskosten“ zu decken, haben wir nur für eines keine Zeit mehr – für das echte Leben. Wer keine Zeit hat, um zu leben, der vegetiert fernab vom Hier und Jetzt vor sich hin. Versuche diese Zeilen ohne Widerstand zu lesen. Beruhige deinen Verstand, wenn er das künstliche Konstrukt mit aller Härte verteidigen möchte. Er wird die Fehlinvestition deiner Lebenszeit rechtfertigen und scheinbar sehr gut begründen können. In der Welt des Tiefschlafs gelten seine Gründe für deinen Stolperkurs als stichfeste Argumente.

Er verteidigt das Konstrukt nicht nur, er möchte dir auch einreden, dass du gerade dafür dankbar sein solltest und brüllt lauthals und doch so trügerisch leise: „Das machen alle so, also mach' einfach weiter und hör' auf, dich zu beschweren"! Er will nicht, dass du auf die Idee kommen könntest, zu glauben, dass du ein Recht darauf hast, dein eigenes Leben zu (er)leben. Darum verkauft er dir das künstliche Konstrukt als „das wahre Leben", das es nicht zu hinterfragen gilt. Je tiefer du schläfst, desto beruhigter ist dein Verstand. Dein Herz gibt die Hoffnung aber nie auf. Es vertraut darauf, dass dir der unermessliche Wert deiner Lebenszeit bewusst wird und du endlich anfängst, dein Leben als wertvollstes Geschenk überhaupt zu betrachten. Bis zu deinem letzten Atemzug ist es gewillt, dich auf das Wesentliche aufmerksam zu machen, damit du in den Genuss der bedingungslosen Dankbarkeit kommen kannst. Deine innere Stimme versucht dir die ganze Zeit über mitzuteilen, dass dein Herz kein riesiges Haus oder ein tolles Auto braucht, um glücklich zu sein. Was in deinem beruflichen Lebenslauf geschrieben steht, ist deinem Herzen nicht wichtig. Es bewertet dich nicht anhand der Titel, die deinen Namen schmücken oder anhand deiner Zertifikate oder Urkunden. Vergiss all das und lass' dich davon nicht in die Irre führen. Dein Herz möchte nur, dass du glücklich bist und das bist du, wenn du dankbar bist. Dankbar bist du, wenn du das, was ist, bedingungslos annimmst und das, was dir dein Verstand als „Leben" vorgaukelt, als Lüge enttarnst. Bist du wirklich nur am Leben, um das zu tun, was du gegen den Willen deines Herzens tust? Stelle dir diese Frage, wenn dein Verstand das „Argument“ der „fehlenden Zeit“ als Waffe gegen deine individuelle Entfaltung richtet. Nein, es ist nicht immer leicht, den üblichen Lebensstil radikal zu ändern, das behauptet niemand. Aber verwechsle eine schwierige Herausforderung nicht mit Unmöglichkeit. Ja, es kann hart sein, alles auf den Kopf zu stellen, um wirklich glücklich zu werden. Aber frag dich lieber, ob die hemmende Lebensweise im künstlichen Konstrukt wirklich leichter ist. Ist sie das? Dein Verstand bejaht, weil er sich an alle Gewohnheiten klammert. Dein Herz jedoch weiß, dass es sich immer lohnt, wenn man seine Lebenszeit bewusst investiert, Prioritäten neu setzt und sich dem widmet, was wirklich zählt, nämlich dem eigenen Leben im Hier und Jetzt. Für Veränderung kannst du nie zu alt sein, höchstens zu ängstlich. Echte Dankbarkeit, jene aus tiefstem Herzen, fühlen wir nur für das echte Leben. Der Verstand verehrt das künstliche Konstrukt. Für all die künstlichen Gegebenheiten sind wir allerhöchstens dann dankbar, wenn sie uns den Blick für das Wesentliche ermöglichen, uns wachrütteln, damit wir endlich damit beginnen, unsere Lebenszeit wertzuschätzen, das Konstrukt langsam zu verlassen und anfangen, zu leben. Wofür bist du dankbar? Was ist für dich selbstverständlich und bekommt von dir mittlerweile keine oder kaum mehr Aufmerksamkeit? Wie lauten deine Gedanken in den ersten 15 Minuten nach dem Aufstehen? Freust du dich darüber, am Leben zu sein?

Atmest du bewusst? Fasst du Gegenstände bewusst an? Schätzt du es, mit deiner Nase verschiedenste Gerüche erfassen zu können? Spürst du deine Beinmuskulatur, wenn du gehst oder läufst? Wie oft gehst du barfuß? Nimmst du all die bunten Farben dieser Welt wahr oder „verwendest" du deine Augen nur, um zu sehen? Wir können zirka 20 Millionen Farben sehen, wenn wir Helligkeitsstufen und alle möglichen Nuancen berücksichtigen! Schmeckst du dein Essen genüsslich oder stillst du nur deinen Hunger? Wenn du erfahren würdest, dass du nur noch ein Jahr zu leben hast, würdest du deiner inneren Stimme bestimmt jene Aufmerksamkeit schenken, die sie verdient. Du würdest vermutlich jede Minute bewusst wahrnehmen, weil du weißt, dass deine Erfahrung als Mensch bald zu Ende sein wird. Du würdest jede Begegnung, jedes Treffen mit Menschen aus deinem Umfeld genießen. Dir würde jedes Wetter Freude bereiten, du würdest die Kleidung, die du trägst, auf deiner Haut spüren, das Wasser würdest du nicht mehr nur so nebenbei trinken, sondern spüren, wie es deinen Hals hinunterfließt.

Schon in der Früh würdest du den allerersten Schritt aus deinem Bett mit maximaler Bewusstheit machen. Deine Wertvorstellungen würdest du über Bord werfen, damit du deinen kompletten Alltag so ausrichten kannst, dass dein Herz vor Glück strahlt und du dich deinem wahren Naturell entsprechend entfalten kannst. Würdest du deine Lebenszeit immer noch in einer Firma verbringen, die dir im Gegenzug das nötige Kleingeld gibt, damit du die Miete der Wohnung bezahlen kannst, in der du dich kaum aufhältst? Aufgrund des baldigen Endes deines menschlichen Daseins würdest du deinen Job sofort an den Nagel hängen und deine Lebenszeit in das Wesentliche investieren - nämlich in dein Leben. Du wärst mutig genug, weil dir durch das Todesdatum der Wert deiner Lebenszeit ruckartig bewusst wäre. Du hättest plötzlich wirklich „keine Zeit" mehr. Aber nicht mehr „keine Zeit" für das echte Leben, sondern nun umgekehrt keine Zeit mehr für das Verweilen im künstlichen Konstrukt, welches dir dein Verstand als das „echte Leben" verkauft. Aber muss es erst soweit kommen? Muss sich der Tod ankündigen, damit du anfängst zu leben? Frag dich mal: Was muss passieren, damit du deine Lebenszeit nicht mehr verschwendest? Welcher Umstand wäre für dich Grund genug, um aus dem Tiefschlaf aufwachen zu wollen? Wie bereits erwähnt: Nein, es ist nicht immer leicht. Aber das Schöne ist doch, dass das Beispiel mit dem allerletzten Jahr deines Menschenlebens wahrscheinlich nicht der Wahrheit entspricht. Das bedeutet, dass du deine gewohnte Lebensart nicht von heute auf morgen ändern musst. Du hast die Möglichkeit, in deinem individuellen Tempo zu handeln. Wenn du dich selbst stresst, befindest du dich wieder nicht in der Gegenwart. Ob du zu viel Lebenszeit in deinen Job investierst, du zu viel Lebenszeit mit dem Konsum von TV- und Internet-Serien vergeudest oder, ob du deine Wochenenden nutzt, um mit verschiedensten Kompensationsmechanismen dem künstlichen Konstrukt mental zu entfliehen, spielt dabei keine Rolle. Du kannst alles schaffen, wenn du dich besinnst und du auf lange Sicht eine Priorität nach der anderen verschiebst. Viele befürchten, dem neuen Leben im Jetzt nicht gerecht zu werden. Sie gehen davon aus, dass ein Leben im Jetzt „perfekt“ sein muss. Im wahrsten Sinne ist es das auch, nur deckt sich die Perfektion des Lebens in der Gegenwart nicht mit jener im unbewussten Leben, abseits des Jetzt. Im Jetzt ist grundsätzlich alles gut. Hier muss nichts perfekt werden, weil hier schon alles perfekt ist. Das, was ist, ist perfekt, ohne dass wir es perfekt machen müssen.

Wir können das Jetzt nicht perfektionieren, weil es darin nichts zum Verbessern geben kann. Für den Verstand klingt das unlogisch, für das Herz ist dies das Normalste überhaupt. Nur mit dem Herzen kannst du die Sprache der Dankbarkeit verstehen. Hierbei handelt es sich um die echte Dankbarkeit, welche nur in der friedvollen Gegenwart gelebt werden kann. Die gewöhnliche Dankbarkeit, welche wir im Alltag des künstlichen Konstruktes spüren, hat damit nichts zu tun. Diese Art von Dankbarkeit ist bestenfalls halbherzig gemeint. Sie entspringt nicht der inneren Überzeugung, sondern der mangelnden Bewusstheit, die als Voraussetzung für das „freiwillige“ Stolpern durch das künstliche Konstrukt gilt. Wer diese niedrig schwingende Ebene verlässt und den Einstieg in die friedvolle Gegenwart wagt, führt wahrlich ein neues Leben. Eines, das sich vielleicht sogar zum ersten Mal nach Leben anfühlt. In diesem neuen Leben erinnert man sich an das Freiheitsgefühl seiner unbeschwerten Kindheit. Man erobert sich dieses wieder zurück, ohne seine „Pflichten" außer Acht zu lassen. Lediglich die Bewertung für alle (un)möglichen Umstände wird transformiert oder gar abgelegt, sodass man endlich wieder genug Zeit hat. Wenn der Verstand meint, dass du keine Zeit hast, antwortest du mit deinem Herzen, indem du dir die nötige Zeit einfach nimmst. Mit der Verinnerlichung von echter Dankbarkeit wirst du dich fragen, wie es all die Jahre möglich war, so ein unbewusstes Leben zu führen.

Du wirst bei anderen sofort erkennen, ob sie noch schlafen oder bereits wach sind. Mit deinem Blick für das Wesentliche erkennst du schnell, wer, außer dir, ebenso mit dem Blick für das Wesentliche wahrnimmt. Du wirst bemerken, dass du im Jetzt nicht alleine bist, sondern es viele Menschen gibt, die einen ähnlichen Weg hinter sich haben wie du. Du wirst (d)ein neues Leben führen, und zwar eines in der friedvollen Gegenwart, die erst wegen deiner Dankbarkeit bestehen kann.

Gedanken tanken

Denke den folgenden Satz: „Ich bin dankbar". Denke ihn und frag dich danach, was du währenddessen noch gedacht hast. Wenn du es nicht weißt, versuche es gerne noch einmal. Du wirst feststellen, dass du nichts anderes dachtest. Du kannst nur einen Gedanken zur selben Zeit denken. Was bringt dir das im Hinblick auf deinen Jetzt-Zustand? Die friedvolle Weite der Dankbarkeit ist in diesem einen Gedanken enthalten. Er ist essenziell, wenn es um den Einstieg in die friedvolle Gegenwart geht. Ein negativer Gedanke verwehrt dir den Einstieg, ein positiver ist die Eintrittskarte. Was wir denken, wird zum Wort, unser Wort irgendwann zur Tat und gebündelt mit unseren Gefühlen ergibt sich daraus unsere Realität. Wenn wir also einen positiven Gedanken denken, nehmen wir dem negativen Gedanken den Platz weg, ergo wird sich eine positive Realität daraus ergeben. Eine, in der wir entspannter sind und dadurch eher in der Lage, alles, was ist, wertzuschätzen. Wenn du also echte Dankbarkeit verinnerlichen möchtest, ist es hilfreich, so oft wie möglich positive Gedanken zu kultivieren. Wenn du dich zu Beginn mithilfe von positiven Affirmationen in eine höhere Schwingungsfrequenz versetzen kannst, ist das durchaus zielführend. Jeder positive Gedanke bringt dich dem Jetzt näher.

Auch hier wirst du wieder schrittweise genau das verinnerlichen, was du denkst. Mit der Zeit wirst du es nicht mehr nur denken, sondern es verkörpern und somit unweigerlich dankbar für all das sein, was du vorher gewohnt als gegeben erachtet hast. Bis dahin mach dir das Wissen darüber, dass du nur einen Gedanken zur selben Zeit denken kannst, zunutze.

Nun folgen Affirmationen, die dich von der Unbewusstheit in den Modus der Dankbarkeit und damit ins Hier und Jetzt geleiten können. Nutze diese so oft wie möglich, doch unbedingt in deinem individuellen Tempo. Überstürze dabei nichts, denn das würde dich wieder nur von der Gegenwart ablenken. Konzentriere dich, damit du das Gelesene verinnerlichen kannst. Nach den vorgegebenen Affirmationen lade ich dich dazu ein, deine eigenen hier im Buch niederzuschreiben. Besonders effektiv erweist sich diese Übung, wenn sie kurz vor dem Einschlafen oder gleich nach dem Aufwachen durchgeführt wird, da die Botschaft sich so eher in deinem Unterbewusstsein verankern kann.

Natürlich musst du die Seiten nicht sofort bis zur Gänze füllen. Gerne kannst du es dir zur Aufgabe machen, jeden Tag ein paar neue zu notieren. Dabei wünsche ich dir viel Freude und gutes Gelingen!

Ich liebe mein Leben bedingungslos & genieße jeden einzelnen Tag bereits ab der ersten Sekunde nach dem Aufwachen.

Ich bin dankbar dafür, einen sicheren Schlafplatz zu haben & schätze es, jeden Tag aufwachen zu dürfen.

Ich bin dankbar dafür, zu träumen, wenn ich schlafe.

Mir ist bewusst, dass mein Dasein etwas Besonderes ist & dementsprechend lebe ich vertiefte Dankbarkeit.

Ich bin etwas Besonderes & dafür bin ich unendlich dankbar.

Ich schätze alles, was ich habe & alles, was ich jemals haben werde.

Ich bin dafür dankbar, ein wichtiger Teil dieser Welt zu sein.

Mein Leben ist ein wundervolles Geschenk & ich nehme es dankend, voller Freude und Glück an.

Ich bin dafür dankbar, genau diesen Körper zu haben.

Ich liebe mich selbst & jeden Zentimeter meines Körpers.

Ich schätze meine Vergangenheit & alle bisherigen Lektionen.

Ich bin dankbar für neue Prüfungen & widme mich ihnen friedvoll, zuversichtlich & positivdenkend.

Ich bin dafür dankbar, jeden Tag Neues lernen zu können.

Ich schätze es ununterbrochen, den Planeten Erde mit all meinen menschlichen Sinnen wahrnehmen zu können.

Ich bin dafür dankbar, dass ich bewusste Entscheidungen treffen & mein eigenes Glück schmieden kann.

Ich fühle Dankbarkeit in jeder Faser meines Körpers, ich werde stets von ihr durchdrungen & erfüllt.

Ich bin dankbar dafür, einen Verstand und verschiedenste Gedanken zu haben.

Mir steht das beste Leben zu & dafür bin ich stets dankbar.

Mein Empfinden für mein Leben übertrifft gewöhnliche Dankbarkeit, weil ich mir Dankbarkeit zur Gewohnheit mache.

Ich nehme alle Probleme dankend an, weil ich weiß, dass ich daran wachsen darf.

Ich bin dafür dankbar, dass mein Herz glücklich ist.

Vollende diese Liste mit 6 weiteren Dankbarkeits-Affirmationen - In deinem Tempo, lass dir Zeit!

1.
2.
3.
4.
5.
6.

Ständig besser kann niemals gut genug sein

Es scheint, viele von uns wollen nicht nur, dass es ihnen gut geht. Viele wollen, dass es ihnen besser als den anderen geht. Verfangen wir uns im künstlichen Konstrukt unseres Verstandes, bekommen wir kaum genug und suchen ständig nach neuen, höheren Maßstäben, die wir uns dann selbst setzen. Wir wollen uns messen und uns gegenseitig übertrumpfen, weil wir unser Glück vom Erfolg dessen abhängig machen. Schaffen wir es nicht, mit dem Nachbarn, mit dem Arbeitskollegen oder sonst irgendjemandem, der viel erlebt und davon erzählt, mitzuhalten, fühlen wir uns manchmal minderwertig und unerfüllt. Echte Dankbarkeit resoniert jedoch mit der Fülle der Ewigkeit des Jetzt. Sie verdeutlicht, dass die Gegenwart alles ist, was ist, und in ihr kein Mangel bestehen kann. Manuela, die Mutter einer guten Freundin aus meiner Jugendzeit, hat mich diesbezüglich wachgerüttelt. Das war zwar nicht ihr Bestreben, aber mit ihrer undankbaren Lebensweise kam es zwangsläufig dazu. In unserer Wohnsiedlung war sie bekannt und beliebt. Viele Eltern trafen sich täglich im Hof, um zu plaudern. Neben der Schaukel für die Kinder, einer Rutsche und einem Tischtennistisch gab es eine Sitzbank für die Großen. Gesellte Manuela sich dazu, gab es stets unterhaltsamen Gesprächsstoff. Langweilig wurde es nie, denn ihre Erlebnisse übertrafen den Alltag der anderen bei Weitem. Sie erzählte von ihrem spontanen Kurzurlaub in Venedig, ihrem Besuch im Hochseil-Klettergarten, ihrer wilden Wanderung am Untersberg und so weiter. Soweit so gut, könnte man meinen. Tatsächlich war es schön, ihr zuzuhören, da sie einem aufzeigte, dass mehr möglich ist als die meisten von uns dachten. Sie regte zum Nachdenken an und erweiterte den Horizont bei einigen Menschen, die sich mit ihrem langweiligen Alltag bereits abgefunden und sich keine größeren Ziele mehr gesetzt hatten. Aber bei Manuela blieb es nicht bei den Erzählungen. Sie prahlte mit ihren Erlebnissen und verlor sich in der Selbstdarstellung.

Ihre Zuhörer kamen selten zu Wort. Es schien nichts zu geben, was sie nicht der gesamten Nachbarschaft offenlegte. Soweit so gut, könnte man wiederholt meinen. Eines Tages bekam der Wohnblock jedoch neue Mitbewohner. In der Nebenstiege von Manuela wurde eine Wohnung frei. Bei den neuen Nachbarn handelte es sich um ein fröhliches Paar. Nach einer Eingewöhnungszeit von ein paar Monaten waren sie von den anderen bereits akzeptiert und gerngesehen. Sie waren stets freundlich, friedlich und hatten generell eine angenehme Ausstrahlung. Auch sie waren immer unterwegs und erzählten von ihren Abenteuern, wenn sie hier und da mal mit den anderen Bewohnern ins lockere Gespräch kamen. Und wie das nun mal in so mancher Wohnhausanlage ist, erzählten sie es somit, unwissend, der kompletten Nachbarschaft. Ihre Erzählungen machten die Runde und die Nachbarn waren von den Urlauben, Konzert-Besuchen und Tanzkursen begeistert. Als Manuela Wind davon bekam, setzte sie sich selbst noch viel mehr unter Druck als zuvor. Ihr war es ein Graus, zu hören, dass es fortan

Nachbarn gibt, die ebenfalls aufregende Geschichten zu erzählen haben. Sie konnte nur schwer damit umgehen und anstatt zuzuhören, um eventuell den einen oder anderen Tipp zu erhalten, fühlte sie sich dazu berufen, noch mehr zu erleben. Sie setzte ihren neuen Maßstab über den ihrer Nachbarn, damit sie beim Plaudern „mehr bieten" konnte. Das verlangte zwar niemand und es war auch gern gesehen, wenn sie mal nichts Spektakuläres zu berichten hatte, aber sie selbst betrachtete das Paar aus der Nebenstiege als ihre Konkurrenz. So kam es, dass sie tatsächlich einen drauflegte. Sie sprang beispielsweise spontan in den Zug und fuhr von Wien nach Bratislava. Dort fotografierte sie sich selbst, damit sie Material zum Angeben hatte. Das machte sie immer so. Ein Erlebnis nicht mit Fotos zu dokumentieren, war für sie, als hätte das Erlebnis nie stattgefunden. Sie nahm sogar einen Monat lang an einem Yoga-Kurs teil, obwohl sie immer dann, wenn sie ihre Sportsachen dafür packte, anfing darüber zu meckern. Das erzählte mir Manuelas Tochter, mit der ich mich gut verstand. Der Grund für das Handeln gegen ihren eigentlichen Willen war das Paar aus der Nebenstiege. Diese praktizierten Yoga bereits seit einigen Jahren und das sprach sich eben rum. Mit der Zeit wurde Manuelas Zugzwang immer offensichtlicher. Damals konnte ich es nicht klar deuten, aber rückblickend bin ich mir sicher, dass das Paar aus der Nebenstiege ziemlich genau wusste, dass Manuela voller Hysterie im Kreis der Anerkennung rumläuft. Als ich mich dazu entschlossen habe, dieses Buch zu schreiben, kam mir Manuelas Geschichte sofort in den Sinn. Eine bestimmte Aussage von Manuela scheint sich in mein Gedächtnis eingebrannt zu haben. Ihre „Konkurrenz" kaufte sich ein neues Auto und wie der Zufall es so wollte, legte sich Manuela auch eines zu, und zwar ein sehr ähnliches. Mit dieser Aktion war ihr übersteigerter Konkurrenzkampf, den außer ihr niemand führte, nicht mehr wegzureden. Das führte dazu, dass das Paar behutsam auf sie zuging und der Mann sie direkt fragte, weshalb sie denn glaubt, all das machen zu müssen. Ihre Antwort lautete: „Ich lebe eben nur im Jetzt und nutze die Kraft der Gegenwart, damit ich glücklich bin". Wegen dieser Aussage schreibe ich dieses Kapitel. Manuela ging wirklich davon aus, im Jetzt zu leben, davon war sie felsenfest überzeugt. Als Beweis dafür zog sie all die Fotos heran, welche sie immer und überall von sich schoss. Sie ging zwar davon aus, erlebte ihre Dinge aber nicht wirklich im Hier und Jetzt. Warum nicht? Weil sie nichts davon bewusst erlebte. Ihre primäre Intention war nicht das Erleben an sich, sondern das spätere Erzählen über das Erlebte. Wie wirkt sich das auf die Bewusstheit in der Gegenwart aus? Wie nahe war Manuela dem Jetzt, wenn sie im Vorfeld also bereits beim Planen einer Reise oder eines Ausflugs über die Zeit im Anschluss nachdachte? Wie „erlebte" Manuela ihre Erlebnisse im Jetzt, wenn sie währenddessen bereits an die Zukunft dachte, in der sie davon erzählen wird? Wenn jemand seine Erfahrungen schilderte und Manuela nicht „mithalten" konnte, dachte sie sich einfach eine Geschichte aus, welche sie dann stolz erzählte. Auch das erfuhr ich von ihrer Tochter. Dieses Verhalten entspricht so ziemlich dem Gegenteil davon, das dankbar anzunehmen, was ist. Natürlich kannst, darfst, sollst du etliche Erfahrungen in alle möglichen Richtungen machen. Dein Leben will eben gelebt werden. Aber das, was ist, ist grundsätzlich genug, um dafür dankbar zu sein. Gelingt es dir, den Moment an sich wertzuschätzen, erweist sich dir jedes noch so kleine Erlebnis als intensives Abenteuer. Manuela hätte schon damals genug Gründe gehabt, dankbar zu sein. Sie war selbstständig, konnte sich ihre Zeit frei einteilen und hatte eine gesunde, wunderschöne Tochter, die dazu auch noch gut aussah. Als eine von wenigen Bewohnern hatte ihre Wohnung eine große, südlich ausgerichtete Terrasse. Die Liste könnte beinahe ewig fortgeführt werden. Dennoch wurde Manuelas Erlebnisdrang nie gestillt, ihre innere Leere war stets präsent. Ihr neues Auto sorgte maximal ein paar Tage lang für „Aufregung“ und der Yoga-Kurs geriet bei den Gesprächen ebenfalls in den Hintergrund. Für die Nachbarn war es auch immer ok, wenn Manuela einfach nur in aller Ruhe anwesend war, um den Moment an sich zu genießen. Das verstand sie aber nicht. So war es damals. Wie es heute ist, weiß ich nicht, denn ich habe sie und ihre Tochter seither nicht mehr gesehen. Ich habe diesen Wohnblock früh verlassen, um meine eigene Reise anzutreten. Vielleicht hat Manuela erkannt, dass ihre stressige Lebensweise nicht einem Leben im Jetzt entspricht und sich frohen Mutes dazu entschieden, den Einstieg in ein neues, gegenwärtiges Leben zu wagen. Manuelas Lebensstil war einer von vielen Weckrufen, die in mir etwas in Gang gebracht, mich innerlich bewegt haben. Mir wurde bewusst, dass sich gewöhnliche Dankbarkeit von echter, ganzheitlicher Dankbarkeit unterscheidet und, dass man wachsam bleiben muss, wenn man in seiner Gegenwärtigkeit bleiben möchte. Für eine Erfahrung sollten wir dankbar sein, weil wir sie gemacht, gespürt und erlebt haben. Tiefste Dankbarkeit sollten wir empfinden, weil wir überhaupt das Privileg haben, all jene Erfahrungen als Mensch auf dieser Welt machen zu können. Wir können und sollten voncinander lernen, anstatt uns gegenseitig übertrumpfen zu wollen. Im Hier und Jetzt ist es nicht relevant, ob der Nachbar mehr erlebt als du.

Wenn du im Hier und Jetzt bist, erlebst du das, was ist und somit alles. Damit bist du nicht nur dir, sondern auch dem Leben so nah, wie du ihm nur sein kannst. Ein achtsamer Spaziergang durch die Innenstadt kann dir mehr Leben vermitteln als ein wochenlanger Strandurlaub, welchen du mit Manuelas „Jetzt-Zustand" erlebst. Du erlebst das, was du erlebst, nur dann, wenn du achtsam bist. Alles andere entzieht sich der Aufmerksamkeit deines Herzens. *Jene Fotos, die wir mit unseren Herzen schießen, sind die schönsten, weil sie unsere Seele auf lange Sicht tanzen lassen.* Kauf dir ein Auto, wenn du das möchtest. Wenn du willst, besuche jeden Tag ein anderes Konzert oder lade deine Liebsten öfter zum Essen ein. Aber sei bei allem, was du tust, achtsam und dankbar. Nicht nur dein Kontostand, welcher dir vielleicht einiges ermöglicht, ist wertzuschätzen. Du könntest nicht nur dankbar dafür sein, in der Früh aufzuwachen, sondern schon mal dafür, einen sicheren Schlafplatz zu haben. Dankbar könntest du für deine gesunden Beine sein, die dich überall hintragen.

Schätze deine Ohren. Anderen zuzuhören, wenn sie von ihren spannenden Erlebnissen erzählen, kann sich mit deinem dankbaren Jetzt-Zustand so anfühlen, als ob du das Gehörte gerade selbst erlebst. Beim Essen sei nicht nur für den Geschmack der Speise dankbar, sondern für deine Hände, mit denen du das Besteck fühlen und führen kannst. Die Lokalität, der Kellner, das Angebot, der Sessel, auf dem du sitzt und deine Begleitung sind nicht selbstverständlich. Nimm deine Umgebung schon auf dem Weg dahin ganz bewusst wahr.

„Manche nehmen das Leben mit ihren Augen wahr, andere verwenden sie nur, um zu sehen."

Möglicherweise hat Manuelas Verhalten nichts mit deiner Lebensweise zu tun. Aber im Außen wird uns oftmals aufgezeigt, wie wir nicht handeln sollten. Wir neigen dazu, bei abschreckenden Beispielen zu denken, dass wir „zum Glück" nicht so extrem sind. Das mag so sein, aber viel eher sollten wir die Chance nutzen, um nochmal einen weiteren Schritt in unsere Bewusstheit zu machen. Der eine schläft immer tiefer als der andere. Das Hier und Jetzt erkennen wir aber nur im Wachzustand. Gelegenheiten dazu gibt es zuhauf. Immer wieder gibt es verheerende Einschnitte in unserem Leben, die uns kurzzeitig aufwecken und uns dadurch geradezu ins Hier und Jetzt reißen. Wie wir dann damit umgehen ist entscheidend. Wir können dann wach bleiben und uns umsehen. Genauso gut können wir uns dafür entscheiden, wieder einzuschlafen, um uns von dem, was ist, absichtlich abzulenken. Aber wir können erst dann wirklich bewusst entscheiden, wenn wir bewusst genug sind. Das werden wir durch eigene Erfahrungen, aber auch durch die Beobachtung von Verhaltensweisen, welche zum Beispiel an jene von Manuela erinnern.

In meiner Vergangenheit gab es eindeutig lautere Weckrufe, aber Manuelas Lebensweise war einer der ersten, die mir zu verstehen gaben, dass ich nicht wirklich munter bin. Für den Einstieg in die friedvolle Gegenwart müssen wir uns um unsere Bewusstheit kümmern. Wir meinen viel zu leichtfertig, dass wir dankbar sind, aber wissen kaum um die positive Auswirkung echter Dankbarkeit. Wollen wir im Außen sehen, müssen wir nach innen schauen. Manuelas Lebensweise ist eines von jenen Extremen, die diese Notwendigkeit in aller Klarheit illustrieren. Die dankbare Annahme des Moments kann dich glücklicher machen als sämtliche Reaktionen auf Erzählungen über deine Abenteuer. Kein Applaus der Welt könnte die laute Stille der Gegenwart übertönen - wisse das. Dein Leben ist ein Abenteuer. Lebe es bewusst, erlebe viel, aber tu es in erster Linie für dich.

Danke für nichts!

Wir alle erleben unangenehme Dinge, die wir am liebsten schon währenddessen ungeschehen machen würden. Dabei ist es der Blickwinkel, der über das Empfinden einer Lebensphase entscheidet. Beispielsweise ist die Trennung vom Lebenspartner meist schmerzhaft, aber auch immer eine Chance. Und für eine Chance können wir auch immer dankbar sein, selbst wenn wir sie im ersten Moment nicht als solche sehen wollen. Wir erblinden quasi kurzzeitig, denn das ganze Gefühlschaos und das stressige Drumherum reißen uns förmlich aus der Gegenwart. Wir verlieren uns in Streitereien und lenken unsere Energie auf Dinge, die uns ein paar Monate später wieder total unwichtig sind. Das machen wir selbst dann, wenn wir ähnliche Situationen schon zigmal erlebt haben. Jedes Mal verlieren wir uns erneut im Wirrwarr unserer Gefühle und handeln impulsiv. Wir versuchen den Schmerz zu unterdrücken und hoffen darauf, das Erlebte einfach zu vergessen, obwohl wir erfahrungsgemäß längst wissen, dass das nicht wirklich funktioniert.

Jedoch gibt es eine andere Sichtweise, welche ich dir unbedingt aufzeigen möchte: *Sei dankbar für den Schmerz, den du fühlen darfst.* Wie ist das gemeint? Ich denke, dass das Leben an sich das wertvollste Geschenk ist. Zu sein, ist ein Wunder. Schmerz zu empfinden bedeutet, zu fühlen und zu fühlen bedeutet, am Leben zu sein. Demnach ist auch eine schmerzhafte Erfahrung ein Weckruf, der dich an deine wertvolle Existenz im ewigen Hier und Jetzt erinnern kann.

„Schmerz zu fühlen ist unangenehm,

doch nichts zu fühlen heißt, tot zu sein.“

Eine unangenehme Erfahrung kann man demnach nutzen, um abrupt in seine Gegenwärtigkeit zu gelangen. „Jede Trennung ist ein Neuanfang“, diesen Spruch kennst du höchstwahrscheinlich. Er ist wahr, aber viele Menschen betrachten ihn bloß oberflächlich. Versuche das Ganze in der Tiefe zu durchleuchten. Sobald du eine Enttäuschung nämlich als Chance für einen Neustart erfassen kannst, ist es dir schier unmöglich, unfassbaren Groll zu hegen oder dich vom Schmerz erdrücken zu lassen. Mit dem Wissen über den kostbaren Wert eines Weckrufs kannst du nicht mehr auf denjenigen böse sein, der dich aufgeweckt hat. Du wirst ihm dankbar sein, denn enttäuscht zu werden ist in Wahrheit nichts Schlechtes. Eine Enttäuschung setzt Täuschung voraus und von dieser befreit zu werden heißt auch, dem, was ist, also dem Hier und Jetzt, endlich wieder näherzukommen. Eine schmerzhafte Erfahrung

kann der Start eines viel bewussteren Lebens sein und als diesen müssen wir sie erfassen. Man erleidet das Unangenehme dann nicht mehr, sondern schätzt und genießt es mit einem tieferen Verständnis für das Wunder der eigenen Existenz.

Mit dieser Betrachtungsweise kann eine schmerzhafte Trennung sogar Freude machen. Die Trauer verschwindet nicht ganz, aber die erkannte Chance für das Öffnen einer neuen Tür und der Entdeckung der dahinterliegenden Welt überwiegt dann eindeutig. Der unangenehme Weckruf kündigt somit den möglichen Einstieg in die friedvolle Gegenwart an.

Das bedeutet: Demjenigen, der uns enttäuscht hat, danken wir eigentlich nicht für „nichts". Sein Weckruf legt uns einmal mehr das dar, was tatsächlich ist, also danken wir ihm in Wahrheit für alles.

KAPITEL SIEBEN

Vergeben statt vergessen

Kurz möchte ich auf schmerzhafte Enttäuschungen eingehen. Jeder von uns wurde in seiner Vergangenheit schon mal verletzt. Wir alle sind auf der Suche nach Frieden und tun uns dabei gegenseitig weh. Erstaunlicherweise sind wir noch immer nicht da, wo wir als Menschheit hinwollen. Unsere Denkweise ist negativ behaftet und wir sind deswegen zu wenig mit der Heilkraft von Vergebung vertraut. Werden wir verletzt, denken wir an Vergeltung. Der Gedanke an einen fairen Ausgleich schwirrt dann in unseren Köpfen: „Wenn mein Ex-Partner wüsste, wie sich dieser Schmerz anfühlt, wenn er ihn auch erfahren müsste, wäre ich froh“. So oder so ähnlich zu denken, nachdem man verletzt wurde, ist ganz normal und mitnichten so unüblich wie du vielleicht meinst. In gewisser Weise ist ein Ausgleich für beide Seiten wichtig, damit das, was war, angesprochen wird und sowohl der Verursacher als auch der Leidtragende damit abschließen kann. Schmerzliche Erfahrungen komplett zu vergessen ist unmöglich, denn alles, was wir erleben, wird in der unendlichen Weite allen Seins für immer und ewig gespeichert. Was bleibt uns also über? Ganz klar: Wir müssen lernen, zu vergeben. Und bedenken wir unsere kurze Lebenszeit als Mensch auf dieser Welt, sollten wir dies so früh wie möglich lernen. Das sollten wir, damit wir möglichst viele Erfahrungen sammeln können, ohne uns dabei den Kopf zu zerbrechen. Was wir nicht vergeben, schleppen wir mit uns rum. Das bedeutet auch, dass wir in unserem Geiste nicht frei, unseren eigenen Vorstellungen entsprechend, erschaffen können. Somit leben wir ein Leben, welches sich nicht von seiner besten Seite zeigen kann. Es will gefeiert werden und wartet stets darauf, dass du jene Erfahrungen aus deiner Vergangenheit loslässt, die dir den Einstieg in dein neues Leben erschweren.

„SCHÜTTELN WIR EIN WENIG DIE BUCHSTABEN DES WORTES „*FRIEDEN*“, SO ERGIBT SICH DARAUS DAS WORT “*FEIERND*“.

Die Mauer der Trauer

Es ist immens wichtig, dass wir trauern, aber widmen wir uns zu lange unseren Schmerzen, gerät die Genesung in Vergessenheit. Wir gewöhnen uns dann an die Trauer und bauen im übertragenen Sinne eine Mauer daraus, welche uns eher einengt als schützt. Wir schotten uns von der Außenwelt ab und verkümmern im Inneren. Dabei wissen wir, dass wir loslassen müssen, um beide Hände frei zu haben. Denken wir verbittert an einen längst vergangenen Streit mit der einst besten Freundin, nehmen wir uns damit die Möglichkeit, einen friedlichen Gedanken zu denken. Das Hier und Jetzt zu genießen und gleichzeitig an einen traurigen Auszug aus deiner Vergangenheit zu denken, ist ein Ding der Unmöglichkeit. Damit ist nicht unbedingt der kurze Schwenk nach hinten gemeint, sondern das schleppende, langanhaltende und immer wiederkehrende Dilemma, welches wir in unseren Köpfen stattfinden lassen. Natürlich gibt es Verletzungen, die nicht von heute auf morgen dahin sind, aber zum allergrößten Teil klammern wir uns an Schmerzen aus der Vergangenheit, die uns im Hier und Jetzt eigentlich nur noch durch unser fehlendes Loslassen erdrücken. Wir können mit dem, was war, nur Frieden schließen, wenn wir es loslassen. Das gilt sowohl für den kleinen Kratzer als auch für die große Wunde. Hierfür steht es uns beispielsweise auch frei, therapeutische Hilfe in Anspruch zu nehmen. Lösungsansätze gibt es viele, aber der Wille zur Veränderung muss von uns selbst kommen und das wissen wir auch. Dein neues Leben im Jetzt ist, wie es der Name schon sagt, neu. Mit veralteten Sichtweisen kommst du hier nicht voran. Längst vergangene Tragödien haben hier auch keinen Platz. Um das Tor passieren zu können, musst du bereits losgelassen haben. Wichtig ist, nicht nur so zu tun, als ob man loslässt, indem man sich selbst zwingt, nach außen hin zu strahlen. Wenn du denkst, es wäre von Vorteil ein *„Meister des Verdrängens"* zu sein, irrst du. Durch das Verdrängen von Erinnerungen, die eigentlich durchleuchtet und aufgelöst werden sollten, halten wir die Mauer der Trauer nicht nur aufrecht, sondern bauen sie weiterhin aus. So entsteht auf längere Sicht eine robuste Festung, in der wir uns selbst gefangen halten. Je länger wir mit dem Einriss der Mauer warten, desto mehr gerät die Genesung in den Hintergrund und damit irgendwann in Vergessenheit. Damit wird uns der Absprung maßgeblich erschwert, weil wir uns mit unserer schmerzlichen Vergangenheit identifizieren.

In meinem Buch *„Vergangenheit loslassen lernen. 5 Schritte in ein glückliches Leben"* schrieb ich, dass wir nicht unsere Vergangenheit sein können. Die Mauer der Trauer, welche wir um uns herum bauen, lässt uns aber kaum eine andere Wahl als, dass wir uns allmählich mit unserer Vergangenheit identifizieren. Sie versperrt uns die Sicht auf das, was tatsächlich ist und führt uns nur noch das vor Augen, was sich innerhalb dieser „Vergangenheits-Festung" tummelt. Eines muss also klar sein: Außerhalb der Festung erwartet uns ein Leben in Fülle, ein neues Leben im Hier und Jetzt.

Rebellieren, akzeptieren, fokussieren!

Was geschehen ist, ist geschehen und, was wir akzeptieren, kann uns nicht mehr beirren. Ab und zu haben wir den Wunsch, die Zeit zurückdrehen zu können, um gewisse Dinge ungeschehen zu machen. Wir stellen uns vor, wie es wäre, wenn wir von bestimmten Verletzungen verschont geblieben wären. Manches wollen wir einfach nicht akzeptieren, weil wir dann das Gefühl haben, denjenigen zu entlasten, der unseren Schmerz einst verursachte. Zwar ist ein gewisses Maß an Vergeltungs-Gedanken völlig normal und sogar heilsam für die eigene Psyche, aber auch diese müssen wir schnellstmöglich loslassen, um in die friedvolle Gegenwart zu schreiten. Damit wir sie loslassen können, müssen wir sie erstmal annehmen, denken und fühlen. Wir sind es gewohnt, solche Gedanken zu leugnen, sie höchstens still und heimlich zu hegen und schämen uns, wenn es für Außenstehende offensichtlich ist, dass wir Wut mit und in uns tragen. Wir möchten nicht als primitiv wahrgenommen werden und ziehen es vor, Dinge „in uns hineinzufressen“. Was wir versuchen zu unterdrücken, wird uns aber immer erdrücken, deshalb sollten wir unsere Gefühle lieber ausdrücken. In welcher Form und vor allem in welchem Ausmaß das geschieht, ist von hoher Relevanz.

Es ist selbstverständlich nicht ansatzweise sinnvoll, wenn wir Ungerechtigkeit fortführen, indem wir selbst zum Täter werden und unschuldigen Menschen wehtun. Wir müssen lernen, mit Rachegefühlen gekonnt umzugehen und ein passendes Ventil finden, mit dem wir den angestauten Ärger und die brodelnde Wut in uns ablassen können. Das friedvolle Hier und Jetzt ist für uns nicht sichtbar, solange es in uns brodelt. Grundlegend entstehen Rachegefühle, damit wir ihnen Ausdruck verleihen und somit ein Gleichgewicht in unserer Psyche herstellen. Zumindest erfahren wir Genugtuung, wenn wir uns innerhalb des gesunden Bereichs rächen.

Geraten wir in eine heftige Auseinandersetzung, die uns derartig überfordert, dass wir sogar das Gefühl haben, dem anderen schaden zu wollen, kann es uns helfen, wenn wir das emotionsgeladene Feld kurzzeitig verlassen, um uns außerhalb abzureagieren. In Liebesbeziehungen hilft es bekanntlich, wenn einer von beiden die Situation kurzzeitig wütend verlässt, draußen dann über den anderen flucht und dann wieder beruhigter zurückkommt, um einander wieder respektvoll begegnen zu können. Eigentlich wissen beide, dass sie sich lieben und sich gegenseitig niemals ernsthaft schaden wollen würden, aber nur so zu tun, als ob man „über allem drübersteht", obwohl dem nicht so ist, lässt noch mehr Ärger, Wut und Trauer entstehen. Was raus muss, muss raus. Was gezwungenermaßen drin bleibt, erschwert dir den Einstieg in die friedvolle Gegenwart. Eine gesunde Art der Rebellion kann die nachstehende Akzeptanz einleiten, welche uns den Fokus für das friedvolle Hier und Jetzt ermöglicht.

Gibt es also etwas, das du noch nicht auf- und verarbeitet hast? Unterdrückst du gewisse Themen, die eigentlich nach deiner Aufmerksamkeit rufen? Welche Verletzungen hast du vielleicht weniger gut durchleuchtet, als du meinst? Angesammelte Wut muss raus, damit wir gegenwärtig sein können. Es bringt dir nichts, wenn du schweigst, obwohl du das dringende Bedürfnis hast, zu schreien. Wenn dich Rachegedanken einnehmen, widme dich ihnen, um sie aus der Welt zu schaffen. Das ist weitaus besser als sie zu unterdrücken. Solche Gedanken brauchen deine volle Aufmerksamkeit, um verschwinden zu können. Es ist viel leichter einen Vergeltungs-Gedanken zuzulassen, um ihn daraufhin endgültig loszulassen als ihn mit aller Kraft unterdrücken zu wollen und ihn dadurch im Unterbewusstsein aufrechtzuerhalten.

„An Ärger festhalten ist, wie wenn du ein glühendes Stück Kohle festhältst mit der Absicht, es nach jemandem zu werfen - derjenige, der sich dabei verbrennt, bist du selbst."

- Buddha -

Wenn unser Selbstwertgefühl „attackiert wurde" und wir nicht dazu in der Lage sind, uns dies offen einzugestehen, schaden wir uns obendrein noch selbst. Geißele dich also nicht selbst, sondern lasse deiner Fantasie freien Lauf, wenn es notwendig ist. In deinem Kopf darfst du deine Fantasien ausleben. Was dir logischerweise nichts nützt, ist physische Gewalt. Wenn das gesunde Maß übertreten wird und kriminelle Handlungen folgen, bist du auf der falschen Fährte. Nämlich auf jener, auf der bereits der Verursacher deines Schmerzes mit einem Gefühl von Leere dahin stolperte. Vergiss nicht, dass du stets das bekommst, was du gibst. Davon ist keiner von uns ausgenommen. Sonach sind Rachegedanken zwar nicht optimal, aber wenn sie bereits da sind, sollten

wir auch die volle Verantwortung für sie übernehmen. Wollen wir ins Hier und Jetzt kommen, müssen wir diese schnellstmöglich zulassen. Wir müssen sie annehmen und im Kopf rebellieren, danach den erlebten Schmerz akzeptieren und uns folglich in Frieden auf das Hier und Jetzt fokussieren.

Umgang mit Wut

Möchten wir wahrhaftig vergeben, ist der richtige Umgang mit Wut essenziell. Ist sie einmal da, können wir folgenden Satz denken oder aufsagen, um zuerst einmal einen Gang runter zu schalten: „Es ist ok, dass du da bist, bleibe solange du musst“. Denke oder sage diesen Satz im Wissen darum, dass Wut nicht ewig bleibt. Sie bleibt nur, wenn du dich nicht mit ihr auseinandersetzt, sie nicht akzeptierst und sie zu unterdrücken versuchst. Ob sie momentan anwesend ist, kannst du herausfinden, denn im Alltag macht sie sich immer auf die eine oder andere Art bemerkbar. Vielleicht bist du generell schneller gereizt und verlierst die Fassung viel eher als sonst. Oder du regst dich über Dinge auf, die dich eigentlich nicht tangieren würden. Durch unterdrückte Wut kann es sein, dass du dich in verschiedensten Situationen nicht verstanden fühlst. Das kann zu enormer Anspannung führen, welche dich möglicherweise dazu bringt, deinen Mitmenschen gemeine Vorwürfe zu machen. Meistens passiert dies zum Leide unserer Liebsten. Sie sind in unserer Nähe und bekommen das ab, was wir loswerden müssen. Der gesunde Umgang mit unserer Wut ist also nicht nur für uns wichtig, sondern auch für diejenigen, die in unserem engsten Umfeld leben. Wir müssen vor allem den Ursprung unserer Wut kennen, damit wir sie endgültig auflösen können. Es hilft uns nicht, wenn es dabei bleibt, dass wir denjenigen beschuldigen, der unsere brodelnde Wut hervorholt und sie „aktiviert“. In den wenigsten Fällen ärgern wir uns über das

Verhalten des anderen. Das scheint auf der Oberfläche zwar so, aber gehen wir in die Tiefe, zum Ursprung, erkennen wir, dass uns unser Gegenüber genau das vor Augen führt, was angesehen werden muss, damit wir uns davon loslösen können.

Frag dich also, sobald dich jemand verärgert, welcher wütende Punkt gerade in dir aktiviert wurde. Und zwar nicht, weil du dich unterwirfst und dich sofort selbst schuldig sprichst, da zu einem Streit „immer zwei dazu gehören". Wenn du tatsächlich nicht schuldig bist, darfst du auch ruhig dazu stehen. Beantworte dir diese Frage auch nicht primär, weil du jedem Streit an sich aus dem Weg gehen willst, sondern viel mehr wegen des Gedankens darüber, dass dich die direkte Konfrontation mit dem Ursprung deiner Wut befreien kann. Das Loslassen alter Verletzungen lässt dich in der friedvollen Gegenwart leben, aber zuerst gilt es, ein Ventil für deine unterdrückte und dadurch angestaute Wut zu finden. Von klein auf erzählt man uns, dass Wut etwas Negatives wäre. Kinder, welche ihre Wut zum Ausdruck bringen möchten, um ihre Gefühlswaage in Balance zu bringen, werden mit Sätzen wie: „Wenn du brav bleibst, bekommst du eine Belohnung" verwirrt. Es entsteht der Glaube, Wut sei allgemein etwas Verwerfliches, das es zu verhindern beziehungsweise zu unterdrücken gilt. Brav sei demnach nur derjenige, der seine Gefühle gekonnt unterdrückt. Werfen wir einen Blick in die Menge, so sehen wir viele „brave"

Erwachsene, die sich „gut benehmen“. Es lässt sich nicht von der Hand weisen, dass sich dieser Glaubenssatz in unseren Köpfen eingenistet hat. Dabei ist Wut eine ganz normale und mitnichten eine „unnötige“ Emotion. Setzen wir uns genauer mit ihr auseinander, verstehen wir, dass uns Wut in Wirklichkeit immer eine Botschaft überbringen möchte.

„Wut und Ärger fühlen sich unschön an, doch sind im Kern nicht boshaft. Ihr Job ist lediglich das Überbringen einer Botschaft.“

Wenn wir uns immerzu weigern, diese Botschaft anzunehmen, werden wir ungesund. Es kann uns depressiv werden lassen und uns dazu bringen, einen destruktiven Lebensstil zu führen. Lassen wir Wut und Ärger nicht zu, machen wir uns auch für alles andere zu. So kommt es, dass wir insgesamt schrittweise „abstumpfen“ und damit all das Positive nicht mehr wahrnehmen können. Außerdem fängt unser Selbstwertgefühl an zu schrumpfen, wenn wir unsere Emotionen leugnen. Dadurch leben wir nicht authentisch und das macht uns unfrei. Wenn wir uns ärgern und unsere Wut herauslassen möchten, sollten wir das gezielt tun. Das bedeutet auch, dass wir unseren Körper nicht ins kalte Wasser stoßen, sondern ihn in unseren Plan einweihen sollten. Gehen wir beispielsweise in den Wald, um unsere Wut dort rauszuschreien, reagiert dein Körper möglicherweise mit Angst, weil er nicht weiß, weshalb du schreist. Er signalisiert dann Gefahr und schüttet entsprechende Hormone aus, um dich in den Verteidigungsmodus zu bringen.

Bereite ihn also lieber vor, indem du ruhig in dich kehrst, du in einen sanften Atemrhythmus übergehst und dir das Szenario im Wald schon vorab vorstellst. Sprich dazu gedanklich oder gerne auch verbal zu deinem Körper. Sinngemäß kannst du ihm so etwas sagen wie: „Morgen werden wir zu Mittag im Wald stehen und dort werde ich so laut schreien, wie ich kann. Das mache ich uns zuliebe, damit all die Wut hinaus kann, die in uns brodelt. Das wird uns befreien, vertraue mir“. Teile ihm mit, dass keine Gefahr bestehen wird und du alles unter Kontrolle haben wirst. Bis zur tatsächlichen Umsetzung kannst du Sätze wie diese gerne wiederholen, dein Körper wird dir danken!

Michaela und ihr Vater

Michaela wuchs in einer zerrütteten Familie auf. Im Gegensatz zu ihrem Bruder, der 9 Jahre jünger ist als sie, erlebte sie die Trennung ihrer Eltern mit tiefem Schmerz. Zum Zeitpunkt des Geschehens war sie 13 Jahre jung, mitten in ihrer pubertären Selbstfindungsphase. Ihr Vater lernte ziemlich schnell eine neue Frau kennen, welche auch schon bald bei ihnen zu Hause einzog. Mit ihr verstand sich Michaela gut und so verlief die Zeit bis ins Erwachsenenalter relativ harmlos. Sie war daran gewöhnt, sehr viel Zeit allein zu verbringen, denn ihre Stiefmutter war von ihrem Beruf als Logistikerin vollzeitig eingenommen und somit kaum zu Hause. Ihr Vater arbeitete im Sicherheitsbereich, war zwar untertags daheim, dafür jedoch in der Nacht im Dienst. Michaela war ein ruhiges Kind. Sie forderte wenig und war aufgrund ihres Wunsches nach Harmonie stets bemüht, es allen recht zu machen. Diskussionen versuchte sie zu vermeiden und mit Streit konnte sie erst recht nicht umgehen. Bis zum Alter von 22 Jahren blieb das auch so. Ich lernte sie in einem Park kennen und bereits bei den ersten Begegnungen erzählte sie mir stolz von ihrer angestauten Wut beziehungsweise dem fortschrittlichen Umgang damit. Wütend war sie auf einen bestimmten Menschen, nämlich auf ihre Mutter. Diese hat Michaela bis zu ihrem elften Lebensjahr geschlagen, wenn sie nicht das tat, was von ihr verlangt wurde. Außerdem war ihr Verhalten stark narzisstisch, das verstand

Michaela jedoch erst durch und während ihrer ersten Psychotherapie, die sie nach jahrelanger Abwehr doch noch zuversichtlich in Anspruch nahm. Nach vielen Gesprächen mit ihrer Therapeutin wurde ihr klar, dass sie von ihrer Mutter auch emotional missbraucht wurde und das hatte zur Folge, dass sie ihre Vergangenheit mit anderen Augen betrachten konnte. Das, was tatsächlich ist, deckte sich jahrelang nicht mit dem, was Michaela wahrnehmen konnte. Ihrer Meinung nach hatte sie die beste Mutter der Welt. Mit ihr fühlte sie sich stark verbunden. Dass sie geschlagen wurde, war nicht schön, aber sie relativierte es ständig, da ihre Mutter selbst eine schwere Kindheit hatte. Schon als Kind dachte Michaela, dass sie wahrscheinlich auf die Welt gekommen sei, um ihre Mutter zu heilen. Sie fühlte sich für das Wohl ihrer Mutter verantwortlich und für jegliche Missstimmung schuldig. Durch die narzisstische Gewalt ihrer Mutter wurde ihr diese Denk- und Verhaltensweise antrainiert. Dieser Ansatz und weitere destruktive Gedankengänge stellten sich überhaupt erst durch die therapeutische Hilfe als solche heraus. Bis dahin meinte Michaela, dass sie im Hier und Jetzt lebt. Sie war irrtümlicherweise davon überzeugt, dass sie ihre Vergangenheit nicht mehr beschäftigt. Die Auswirkungen waren jedoch deutlich, zumindest rückblickend. Erst als Michaela den unterdrückten Schmerz und all die damit verbundene Wut zuließ, ergab sich für sie die Möglichkeit, ins Hier und Jetzt zu gelangen. Dank der therapeutischen Begleitung konnte sie ihre eigenen Gefühle immer mehr wahrnehmen und daraufhin richtig zuordnen. Aus etlichen Puzzle-Stücken ergab sich langsam aber doch ein Bild, welches aufzeigte, was tatsächlich war und dadurch ist. Davor waren eigene Bedürfnisse nicht zu erkennen. Die Wünsche ihrer Mutter überschatteten Michaelas Gefühlswelt. Retrospektiv verstand Michaela, dass sie mit den düsteren Gedichten, welche sie bereits im frühen Alter schrieb, ihre gestörte Mutter-Tochter-Beziehung zum Ausdruck brachte. Als erwachsene Frau gestand sie sich endlich ein, wütend zu sein. Anfangs fühlte sie sich noch, als ob sie ihre Mutter hintergehen würde, weil sie zu ihren eigenen Gefühlen steht, aber das nahm mit der Zeit glücklicherweise ab. Die brodelnde Wut kam an die Oberfläche und Michaela begrüßte sie mit offenen Armen. Anstatt sie zu leugnen oder zu unterdrücken, akzeptierte sie diese voll und ganz. Dies war ihr erster Schritt in die friedvolle Gegenwart. Die Annahme dessen, was zum damaligen Zeitpunkt war, eröffnete Michaela eine bislang unbekannte Welt. Für zwei Monate ließ sie die Wut gegen ihre Mutter einfach „da sein". Sie beachtete sie nicht weiter, sondern akzeptierte sie. Sie ließ ihre Wut „erst einmal ankommen". In der neunten Woche begann sie sich mit ihrer Wut genauer auseinander zu setzen. Von ihrer Therapeutin bekam sie praktische Tipps für den richtigen Umgang mit ihrer Wut und diese setzte sie konsequent und spielerisch um. In der Früh widmete sie sich der progressiven Muskelentspannung. Das ist eine Methode, bei der Muskelgruppen gezielt angespannt und entspannt werden, damit der gesamte Körper das Stadium der Tiefenentspannung erreicht. Zwei- bis dreimal pro Woche besuchte Michaela einen Selbstverteidigungskurs, der sie sowohl physisch als auch mental stark forderte und ihr die Wut nahm beziehungsweise diese in positive Lebensenergie umwandelte. Von ihrer Therapeutin bekam sie den Tipp, ein Stofftier zu kaufen, das ihre Mutter repräsentieren soll. Dieses solle sie, wenn sie möchte, zu Hause vor sich platzieren, um ihm ihre schonungslose Meinung mit allem Drum und Dran mitzuteilen. Michaela nahm sich diesen Tipp zu Herzen und entschied sich für eine Hyäne. Diese bestellte sie sich im Internet. Den Tipp setzte sie erfolgreich um. In ihren Träumen spielte ihre Mutter stets eine bösartige Rolle. Auf verschiedenste Weise war sie immer diejenige, die Michaela jagte und ihr erheblich schaden wollte, sie oftmals sogar zu töten versuchte. Träumte Michaela schlecht, holte sie die Hyäne fortan aus ihrem Kleiderschrank, stellte diese vor sich hin und begann zu schimpfen. Dabei nahm sie kein Blatt vor den Mund. Im Gegenteil: Sie ließ ihren Gefühlen freien Lauf und sprach sich ihre Wut vom Leib. Der Hyäne, also der Mutter, machte sie klar, dass sie gefälligst aus ihren Träumen verschwinden oder in guter Absicht auftauchen solle, wie es sich eben für eine gute Mutter gehört. Diese Methode zeigte tatsächlich Wirkung und so schlief Michaela beruhigter. Außerdem konnte sie nach einer „Hyänen-Sitzung“ viel entspannter in den Tag starten und das, was tatsächlich ist, deutlicher wahrnehmen. Allgemein kletterte ihr Selbstvertrauen auf ein gesundes Maß und somit trat sie ihrer

Mutter selbstbewusster gegenüber. Sie stellte ihr wichtige Fragen bezüglich ihrer teilweise verdrängten Kindheit, welche sie all die Jahre verschwieg, aus Angst ihrer Mutter damit zu nahezutreten. Michaela brauchte Antworten, um sich und ihren Lebensweg nach der Trennung ihrer Eltern besser zu verstehen. Auch konnte sie ihrer Mutter endlich klar machen, dass sie sehr lange „unwissend" wütend auf sie war und quälenden Ärger mit sich rumschleppte. Das Verhältnis zu ihr wurde zwar nicht liebevoller, dafür aber ehrlicher. Was raus musste, kam raus und Michaela somit ins Hier und Jetzt. Zumindest machte sie durch die ehrliche Akzeptanz und den folglich gezielten Umgang mit ihrer Wut einen großen Schritt hin zum Tor der friedvollen Gegenwart, welches zu allen Zeiten bereit dafür war, sich für sie zu öffnen.

Michaelas Geschichte führe ich auf, weil sie unseren verschwommenen Blick auf die Realität verdeutlicht. Wir dürfen uns nicht von Geschehnissen aus der Vergangenheit aufhalten lassen. Wenn sie uns beim Reisen aufhält, sollten wir uns ihr widmen, damit wir sie loslassen können. Je weniger wir mit uns herumschleppen, desto mehr Kraft bleibt uns, um zu reisen und die Wunder dieser Welt zu entdecken. Um das Hier und Jetzt in vollem Maße spüren zu können, müssen wir mutig und risikobereit sein. Wir müssen die Angst vor dem spannenden Leben ablegen, um das, was ist, überhaupt erst sehen zu können. Mit solch einer verinnerlichten Grundhaltung wird Langeweile zu einem Begriff, den du nicht mehr nachvollziehen kannst. Das Leben ist Fülle und wenn du bereit bist, deine Vergangenheit mit allen Verletzungen loszulassen, erfährst du ganzheitlich.

„Narben, die wir haben, werden wir weiterhin tragen. Durch Vergebung wird den Tagen aber Farbe aufgetragen. Nicht vergessen, doch vergeben, denn zu lang ‚wurd' ich gehetzt. Tiefenentspannt und frohen Mutes brech' ich auf ins Hier und Jetzt."

Es folgt nun eine kleine Auflistung von Methoden für den gezielten Umgang mit Wut. Dieser ist enorm wichtig, denn in der Wut verliert der Mensch oftmals seine kostbare Gegenwärtigkeit.

Die Mickey Mouse Stimme

Eine sehr bekannte Methode ist das Sprechen mit der hohen Stimme der Disneyfigur Mickey Mouse. Ärgerst du dich beispielsweise über die verpasste Bahn und sprichst die Gedanken, die du dazu hegst mit einer hohen Stimme aus, reguliert sich dein Stresslevel automatisch. Es macht einen riesigen Unterschied, ob du den Satz: „Schon wieder fährt mir der Zug vor meiner Nase davon. Ich halte das nicht mehr aus!“ mit deiner echten emotionsgeladenen Stimme aussprichst oder eben mit einer sehr hohen, fast quietschenden. Letzteres führt dazu, dass du dich selbst beziehungsweise deinen Ärger gar nicht mehr so ernst nehmen kannst. Auch bei einer hitzigen Streiterei in einer Partnerschaft kann diese Methode Wunder wirken. Hierbei kann man sich darauf einigen, dass beide in der höchstmöglichen Stimmlage reden, sobald der Streit droht auszuarten. Zusätzlich kann ein Minutenwecker verwendet werden. Einer von beiden kann diesen aus der Lade herausholen, wenn Entschleunigung angebracht wäre und diesen auf eine Alarmzeit von einer Minute einstellen. Wenn sich beide daran halten und tatsächlich bis zum Erklingen mit der Mickey Mouse Stimme miteinander sprechen, wirkt das nicht nur deeskalierend, es sorgt zusätzlich nicht selten für Gelächter. Probiere es gerne einmal aus.

Sport

Wie bei allen anderen Punkten geht es hier auch darum, mit angestauter Wut und Ärger gekonnt und gezielt umzugehen. Verschiedenste Sportarten wie Klettern, Laufen, Radfahren, Schwimmen oder Krafttraining fordern uns ziemlich stark, sodass wir zu mehr Ruhe kommen, weil wir uns „auspowern“. Es sei jedoch gesagt, dass du nicht vergessen solltest, die Botschaft deiner Wut zu ergründen. Diese erfährst du, wenn du an die Wurzel gehst, du also radikal vorgehst. Sport kann lediglich das Symptom, also die Unruhe, kurzzeitig lindern. Das ist wunderbar, aber nur, wer seiner Wut wirklich zuhört, kann sie in der Tiefe verstehen, dann dementsprechend handeln, daraus lernen und dadurch wachsen.

Schreien kann befreien

Der schönste Ort, um zu schreien, scheint ein menschenleerer Wald zu sein. Es ist erstaunlich, wie viele Menschen ihre Wut noch nie durch hemmungsloses Schreien hinausgelassen haben. Dabei setzt gerade diese unkomplizierte Methode Energien frei, welche die Wut und den Ärger von innen nach außen katapultieren. Solltest du ein introvertierter Mensch sein, kommt dir der Wald mehr als gelegen, da du dort kaum Menschen antreffen wirst. Wenn du dich zu jener Zeit auf den Weg machst, in der die meisten Menschen arbeiten, ist die

Chance, allein zu sein selbstverständlich höher. Ich persönlich wohnte mal ein Jahr lang im 20. Wiener Gemeindebezirk und schrie mir meine Gefühle manchmal auf der Floridsdorfer Brücke, über der neuen Donau aus dem Leib, da kein Wald in unmittelbarer Nähe war. Einen passenden Ort findest du bestimmt, wo auch immer du wohnst. Viele Menschen fangen erst gar nicht an, weil sie nicht wissen, was sie schreien sollen. Natürlich kannst du Worte, Namen oder ganze Sätze schreien. Du kannst aber auch einfach das Alphabet durchgehen. Einigen Menschen fällt es viel leichter, wenn sie beim ersten Mal nur Selbstlaute schreien. Bloßes Schreien kann dir tatsächlich helfen, aber wenn du währenddessen zusätzlich ganz stark an das denkst, was dich innerlich wütend macht, ist es spürbar effektiver. Also versuche die Botschaft zu ergründen und widme ihr dementsprechendes Geschreie!

Auf tiefe Wut verzichten mithilfe von Gedichten

Ohne es zu wissen, ging Michaela mit ihrer Wut bereits in jungen Jahren auf kreative Weise um. Seit ihrem elften Lebensjahr schrieb sie Gedichte. Darin ging es hauptsächlich um das Verhalten ihrer Mutter. Damals wusste sie das nicht, aber heute blickt sie in ihr Gedichte-Buch und kann ganz klar zwischen ihren eigenen Zeilen lesen. Das Schreiben von kurzen Gedichten war ihr persönliches Ventil. Wie du schon gelesen hast, wusste sie bis zu ihrer Therapie im Erwachsenenalter nicht, dass sie wütend ist. Rückblickend nimmt sie sich selbst als junges, wütendes Mädchen wahr, das durch das Schreiben einen Weg gefunden hatte, um mit ihren Gefühlen besser umzugehen.

Künstler meinen oft, dass sie sich den Frust „von der Seele schreiben“. Viele Musiker sprechen davon, Musik als eine Art Therapie zu nutzen. Bis ins junge Erwachsenenalter habe ich selbst sehr viele Liedtexte verfasst und kann dies hundertprozentig bestätigen. Glaube nicht, dass du der beste Schreiber sein musst, um Gedichte zu verfassen. Es reicht, wenn du Texte schreibst, in denen du deine Wut zum Ausdruck bringst. Ob sich das Geschriebene am Ende reimt oder nicht, tut nichts zur Sache. Wichtig ist nur, dass du deine Wut zu Papier bringst. Wenn du beispielsweise auf eine bestimmte Person wütend bist, kannst du versuchen, alles auf einen Zettel zu schreiben, was du momentan fühlst, wenn du an sie denkst. Viel zu oft schlucken wir unseren Ärger und unsere Wut runter. Richte deinen Blick nach innen, schreibe das, was dort brodelt, im Außen auf und lies es dir anschließend ein paar Mal durch. Sobald du der Meinung bist, wirklich alles rausgelassen zu haben, zerknittere den Zettel so fest du kannst und schmeiß ihn mehrmals wuchtig gegen eine Wand. Zu guter Letzt wirf ihn einfach in den Müll oder verbrenne ihn an einem sicheren Ort, um dich, ähnlich wie bei einem Abschluss-Ritual, von deiner Wut und von deinem Ärger gegenüber der gewissen Person zu verabschieden.

Die „Pockined-Skala“

Für den konstruktiven Umgang mit deiner Wut eignet sich die Pockined-Skala von 1 – 1000. „Pockined“ ist ein wienerischer Ausdruck. Dieser setzt sich aus den Worten „pock i ned“ zusammen und bedeutet übersetzt so viel wie „(das) pack ich nicht“. Die Pockined-Skala trägt ihren Namen somit, da ich in Wien zur Welt kam. Das „P“ wird dabei wie ein „B“ gesprochen. Ich habe diesen Namen auch gewählt, um Coaching-Gespräche aufzulockern, in denen es um Wut geht. Wenn ich mein Gegenüber darum bitte, seine aktuelle Wut auf der Pockined-Skala von 1 – 1000 zu platzieren, fällt es ihm erheblich leichter, die innere Wut zu akzeptieren und diese anzunehmen. Hingegen werden auf die Frage, ob Wut ein Thema sei, rasch die Arme verschränkt und der Oberkörper nach hinten in den Sessel gedrückt. Ein klares Statement, welches wir selbst nicht immer als solches erkennen. Wir meinen oft, dass wir eigentlich nicht wütend sind, weil wir es irgendwie als Schwäche einstufen. Überhaupt ist uns das offene Reden über tiefe Gefühle manchmal unangenehm. Wir ziehen es vor, uns zurück zu ziehen. Mit der Pockined-Skala habe ich bislang ausnahmslos zielführende Erfahrungen gemacht. Du kannst sie auch für dich selbst anwenden, indem du dich fragst, wie wütend du gerade auf der Pockined-Skala von 1 – 1000 bist. Dabei steht die 1 für „Alles wunderbar, ich bin der ausgeglichenste Mensch auf dem gesamten Planeten“ und die 1000 für „Ich explodiere gleich vor Wut und lege alles in Schutt und Asche“.

In den meisten Fällen kommst du durch das genaue Einordnen deiner Wut zu der Erkenntnis, dass es sowohl nach unten als auch nach oben noch viel mehr Spielraum gibt als gedacht. Sehr oft wird einem dabei klar, dass es gar nicht so schlimm ist, wie man eigentlich glaubt. Zwischen 1 und 1000 ist sehr viel Platz.

Es kann enorm helfen, wenn du deiner Wut eine Zahl zuweist. Diese führt dir nämlich vor Augen, dass dein derzeitiger Gefühlszustand definitiv modifizierbar ist. Wenn du deine Zahl auf der Pockined-Skala gesetzt hast, frag dich bitte Folgendes: Was kannst du in den nächsten 7 Tagen gezielt tun, um der 1 schrittweise näherzukommen?

Notiere dir die Antworten gerne auf einen Zettel, den du immer bei dir hast, damit du zu jeder Zeit einen Blick darauf werfen kannst, um dich zu erinnern. Stelle dir danach die Frage, was du noch tun kannst, um auf der Skala nach unten zu klettern. Oft gibt es mehrere Möglichkeiten, selbst wenn wir sie nicht sofort sehen. Du kannst dir beim Beantworten auch ein paar Tage Zeit lassen. So ein „Spickzettel“ kann ein wertvoller Teil eines starken Fundaments sein, das dir anhaltende Zuversicht verschafft. Wenn du das Geschriebene mehrmals routiniert umgesetzt hast, verinnerlichst du diese Methode, sodass du die Kontrolle über deine Wut hast, sobald sie sich ankündigt. Wenn du absolut keine Ahnung hast, was du tun kannst, um dich der 1 anzunähern, frag dich stattdessen, was du tun kannst, um der 1000 näherzukommen. Das klingt lustig, ist aber höchst effektiv, weil dadurch das kreative Denken angeregt wird. Wenn du ernsthaft darüber nachdenkst, was du tun könntest, um deine Wut zu steigern, kommen dir anschließend unweigerlich Ideen in den Sinn, die das genaue Gegenteil bewirken würden. Die Pockined-Skala kann dich außerdem in hitzigen Diskussionen mit deinem Partner, deinem Vorgesetzten oder sonstigen Menschen, dabei unterstützen, gelassener zu reagieren. Das Schöne an ihr ist, dass sie nicht für jeden sichtbar ist. Mache sie dir also gerne heimlich zunutze. *Du pockst des!*

Stofftier als Repräsentation

Wenn du auf einen bestimmten Menschen wütend bist, weil er dich in der Vergangenheit verletzt hat, kannst du dir beispielsweise ein Stofftier zunutze machen. Wie bei Michaela kann dieses jenen Menschen repräsentieren, dem du schon immer mal deine Meinung offenbaren wolltest. Sei dabei ehrlich und so direkt wie du sein kannst. Möglicherweise entsteht durch diese Übung der nötige Mut in dir, um später das echte Gespräch mit dem jeweiligen Menschen zu wagen. Es kann auch durchaus sein, dass diese Methode einen Ausgleich deiner Gefühlswaage herstellt und dadurch das Bedürfnis nach einem echten Gespräch maßgeblich sinkt. Dies kann vorteilhaft sein, wenn der Verursacher deines Schmerzes nicht mehr erreichbar ist, weil er bereits verstorben oder in ein weit entferntes Land gezogen ist. Übrigens kannst du dieses Stofftier auch mitnehmen, wenn du durch den Wald spazierst, um es dort anzuschreien. Das kann sich zu Beginn seltsam anfühlen, aber du wirst dich relativ schnell daran gewöhnen. Du wärst auch sicher nicht der erste Mensch, der sich bei dieser Methode zuerst einmal krummlacht. Aber etwas Schöneres kann dir doch kaum passieren.

Werner Finck, ein deutscher Kabarettist, Schauspieler und Schriftsteller meinte einst: *„Wer lachen kann, dort wo er hätte heulen können, bekommt wieder Lust zum Leben"*.

KAPITEL ACHT

Die Gefahr(en) des Jetzt

Das Thema rund um das Leben in der Gegenwart ist für viele Menschen der Einstieg in die bewusste Auseinandersetzung mit ihrer spirituellen Seite. Einer der ersten Schritte in Richtung Selbsterkenntnis führt unweigerlich zu diesem Thema. Gerade, weil es uns bereits am Anfang unserer Reise begegnet, ist es mit etwaigen Gefahren verbunden, die auf den ersten Blick nicht immer erkennbar sind. Zu Beginn unseres Abenteuers werden wir von Neugier und Risikobereitschaft angetrieben. Wir wollen wissen, erfahren und das nicht selten so schnell wie möglich. Für viele ist jedes Buch, jeder Vortrag, jedes Seminar und jedes spirituelle Festival ein Teil des großen Wahrheits-Puzzles. Wir wollen es lösen, um uns zu erlösen. Angst, Schmerz und Leid loswerden, das ist oftmals die bewusste oder unbewusste Intention. Das ist auch völlig ok, denn widmen wir uns dem, was tatsächlich ist, erkennen wir, dass es keine Probleme gibt, außer jenen, welche wir als Menschheit selbst erschaffen und verbissen aufrechterhalten. Aus unzähligen Glaubenssätzen, welche bis ins Erwachsenenalter auf uns einprasseln, bildet sich unsere Realität und spätestens dann, wenn wir auf uns allein gestellt sind und nur noch funktionieren, fällt es uns schwer, einen aufgeschlossenen Blick auf das Leben zu werfen. Schütteln wir aber alles ab, was nicht unserem wahren Naturell entspricht, bleibt fast nichts mehr von dem, was wir bis dato für die Wahrheit gehalten haben, übrig. Das, was ist, ist. Das, wovon wir glaubten, dass es ist, war zu keiner Zeit. Genau diese Erkenntnis wirft uns am Anfang unserer Reise aus der Bahn. Das ist grundsätzlich nicht schlecht, denn wer vom Wege abkommt, entdeckt die Umgebung. Aber, da wir oftmals gleich zu Beginn schonungslos aus unserer Blase gerissen werden und direkt im Jetzt landen, sind wir überfordert und beeindruckt zugleich. Einerseits versuchen wir mehr oder weniger an dem festzuhalten, was wir bis dato für die Realität hielten, wozu Rollen gehören, in die wir tagtäglich schlüpfen, aber auch Werte, Sicht- und Verhaltensweisen, Meinungen, Ziele, Ängste, und so weiter. Andererseits erfüllt uns eine Euphorie und eine enorm gesteigerte Risikobereitschaft. Das Hier und Jetzt scheint uns Heilung zu versprechen und wir setzen alles daran, um diese schnellstmöglich zu erlangen. Dabei beißt sich der Suchende oftmals genau hier in die eigene Zunge. Aufgrund des Hochgefühls kommt es bei einigen Menschen zur nachteiligen Auslegung des Themas. Einige Menschen deuten die Kraft der Gegenwart so, dass sie selbst nichts mehr zum eigenen Wohl beitragen müssten. Sie verlassen sich dabei auf „das Universum“ und geben jegliche Verantwortung ab. Wenn du denkst, dass „der Kosmos“ alles für dich regelt, irrst du dich. Mit derartigen Sichtweisen bin ich vielfach in Berührung gekommen. Auf meiner Reise begegneten mir Menschen mit psychischen Erkrankungen, welche unabstreitbar professionelle Hilfe gebraucht hätten. Wenn eine notwendige Therapie verabsäumt oder gar nicht erst angedacht wird, weil das Hier und Jetzt „ausreicht“, ist das definitiv nicht gesund. Ich spreche hier von Menschen, die alles auf eine Karte setzen und von einem Extrem ins nächste stürzen, ohne dies zu bemerken. Jene, die sich ständig auf der Oberfläche befinden, weil sie sich von Zitaten und Weisheiten berieseln lassen, um von ihren eigentlichen „Baustellen“ abzulenken. Das Thema rund um deine Gegenwärtigkeit geht viel tiefer. Wenn du eher naiv veranlagt bist und du „Heilungs-Angebote“ nicht hinterfragst, solange sie schön klingen und großartig verpackt sind, versuche, dich diesem und ähnlichen Themen lieber langsam anzunähern. Natürlich gehe ich bei dir vom Gegenteil aus, aber es ist mir ein inniges Anliegen, dies nochmals zu erwähnen, weil viele Menschen Erwartungen haben, welche nicht erfüllt werden. Erwartungen, welche nicht erfüllt werden können, weil sie ihrem Verstand entspringen. Verwende das Hier und Jetzt nicht als Ausrede für das fehlende Beachten deiner Aufgaben. Die Kraft der Gegenwart als Abkürzung zu verwenden, wird dich langfristig nicht erfüllen können. Das Verdrängen von Themen, welche dir in deinem Leben nicht grundlos als Herausforderung begegnen, hat nichts mit der Fülle der friedvollen Gegenwart zu tun. Ja, du kannst hier und jetzt ins Hier und Jetzt kommen, aber denke nicht, dass es mit dem Ignorieren jeglicher Umstände getan ist. Nein, diese Umstände verschwinden nicht, nur weil du dir das wünschst. Damit lässt du deine „Probleme" eher wachsen. Mit dieser Einstellung wird dich deine Vergangenheit immer wieder einholen. In Wahrheit soll es darum gehen, hinzuschauen.

Wenn wir begreifen, dass das, was ist, nicht das ist, wonach wir unser Leben in unserem hysterischen Alltag ausrichten, haben wir die Möglichkeit, uns davon zu befreien. Wir müssen nur verstehen, dass das Jetzt, welches wir für das „echte Jetzt" hielten, eine Lüge war, ist und bleibt. Eine, die wir uns alle gegenseitig, 24 Stunden am Tag, erzählen. Sei ehrlich zu dir selbst und nutze das Hier und Jetzt nicht, um deine Ängste verbissen zu verdrängen. *Glaubst du lieber eine Lüge, die du schon 140689- mal gehört hast oder eine Wahrheit, die dir völlig neu ist?* Beantworte dir diese Frage selbst. Suche nicht nur nach einem Thema, welches dich „streichelt". Ja, im Hier und Jetzt können sich deine Ängste und Sorgen als Illusion entpuppen, das entspricht nun mal der Essenz der friedvollen Gegenwart. Aber verwechsle dieses Thema nicht mit substanzlosem Wunschdenken. Diese Herangehensweise sorgt viel eher für Verwirrung als für Klarheit. Wer das Hier und Jetzt mit dem Verstand beleuchtet, wird verwirrter gehen, als er gekommen ist. Du kannst nicht verbissen in deine Gegenwärtigkeit kommen, das schließt es von vornherein aus. Das, was tatsächlich ist, kannst du nur erfahren, wenn du unvoreingenommen, also ohne deinem dogmatischen Verstand und dessen gewöhnlichen Reflexe handelst. Andererseits wirst du immer wieder enttäuscht und vielleicht glauben, dass die Schuld dafür „der andere" trägt. Sieh und hör' dich doch mal um. Bestimmt hast du auch schon Leute sinngemäß so etwas sagen hören, wie: „Ne, ne, Liebe ist eine Lüge. Zu oft wurde ich enttäuscht". Hierbei ist es genau dasselbe. Natürlich werden und haben wir enttäuscht. Wir müssen lernen, wachsen und dadurch erkennen, worauf es wirklich ankommt. Aber, was werde ich „finden", wenn ich kurzsichtig nach einem Partner suche, der mich glücklich machen soll? Diese Erwartung macht die folgende Enttäuschung erst möglich, sie lässt sie entstehen. Wir wissen doch, dass wir unsere große Liebe nicht „finden" können, indem wir sie mit der Landkarte der Logik suchen. Ja, höchstwahrscheinlich wurdest du mit Taktiken solcherart enttäuscht. Das bedeutet aber nicht, dass es die Liebe an sich nicht gibt. Wir müssen die Liebe leben, anstatt sie engstirnig zu suchen und sie penetrant zu verlangen. Nur, wenn wir Liebe leben, erfahren wir sie. Der Versuch, sie mit unserem Verstand zu formen endet immer kläglich. Liebe ist, was sie ist und du kannst sie erfahren, wenn du wirklich bereit dafür bist. Der Schlüssel zu ihr ist dein Herz. Dasselbe gilt für die friedvolle Gegenwart. Hier und jetzt ist alles, was ist und du kannst es nur ohne deinen eigensinnigen Verstand und dessen reflexartige Reaktionen erfahren. Der Schlüssel ist abermals dein Herz. Ignorierst du das, wirst du das Hier und Jetzt nicht spüren. Dein Verstand wird dir weismachen wollen, dass es sich um reines Wunschdenken handelt, damit du nicht auf die Idee kommst, es mit deinem Herzen anzugehen. Wenn er es schafft, dich zu überzeugen, läufst du Gefahr, dich in einem Kreis zu verirren, in welchem du nichts als immer nur „recht" hast. In diesem wirst du kaum etwas Neues dazuzulernen.

Weltweit gibt es Vorträge über das Leben im Hier und Jetzt und es wird auf verschiedenste Weise versucht, es zu „erklären". Jeder Sprecher, jeder Guru, jeder Weisheitslehrer weiß, dass das Jonglieren mit Worten stets für noch mehr Verwirrung sorgen kann, wenn der Hörer mit seinem trotzigen Verstand lauscht. Aber, wie soll geantwortet werden, wenn eine logische Erklärung für das Leben im Hier und Jetzt verlangt wird? Welche Sprache wird auf der Ebene des Herzens „gesprochen"? Sind es überhaupt Worte? Oder ist es eher so, dass mit jedem gesprochenen Wort eine weitere Möglichkeit, das Hier und Jetzt zu erfassen, versäumt wird? Natürlich ist es vorteilhaft, wenn wir unsere Gefühle verstehen, deuten und mit Worten präzise ausdrücken können. Je besser wir uns selbst kennen, desto weniger Konflikte lassen wir entstehen. Uns gegenseitig anzuschweigen bringt uns auf lange Sicht auch nicht weiter. Aber, was kommt dabei raus, wenn sich der konditionierte Verstand, welcher immer alles „besser" weiß, stets in den Vordergrund drängt und brüllend nach logischen Erklärungen verlangt? Ist es besser, wenn man den Verstand abschaltet und komplett aufhört, kritisch zu sein?

Wie du mittlerweile weißt, ist es die gesunde Balance, die uns glücklich sein lässt. Sei nicht zu verkrampft oder zu naiv, sondern kritisch und offen zugleich. Stelle all deine Fragen, seien sie noch so unkonventionell. Versuche die Antworten nicht sofort zu bewerten und einzuordnen. Hinterfrage alles, aber hindere deinen überheblichen Verstand daran, Antworten augenblicklich in vorgefertigte Schubladen zu verfrachten. Denn eine wertvolle Frage ist jene, die mit mindestens einer weiteren Frage beantwortet wird.

Abspaltung der Persönlichkeit

Zweifellos ist es unser konditionierter Verstand, der uns davon abhalten kann, die friedvolle Gegenwart wahrzunehmen. Das hast du bereits des Öfteren gelesen. Über die Notwendigkeit der Distanz zum eigenen Verstand sind sich alle Weisheitslehrer einig. Dennoch ist eines unbedingt zu beachten, was leider kaum erwähnt wird: Die Gefahr über eine potentielle Abspaltung deiner Persönlichkeit, welche durch die übertriebene Distanz zu deinem Verstand eintreten kann. Tatsächlich habe ich noch nie mitbekommen, dass vor dieser möglichen Gefahr gewarnt wird. Es wird ausschließlich von den Vorteilen gesprochen, die mit dem gesunden Abstand zum konditionierten Verstand einhergehen. Diese sind beileibe wertvoll, keine Frage. Allerdings wird meiner Meinung nach leider zu wenig auf die etwaigen Gefahren hingewiesen und das Publikum wird ihnen somit ausgesetzt. Natürlich muss letztlich jeder selbst wissen, wie weit er geht, was er tut. Aber erfahrungsgemäß setzen bestimmte Themen einen gewissen Grad an Bewusstheit voraus, damit sie so integriert werden können, wie sie tatsächlich gemeint sind. Von dieser nötigen Bewusstheit des Suchenden wird leider ohne Weiteres ausgegangen, sodass kein Hinweis auf potentielle Gefahren erforderlich zu sein scheint. Ich möchte niemanden diskreditieren oder dergleichen, das liegt mir fern, aber ich habe bereits zu viele „verlorene Seelen“ gesehen, als dass ich manche Fallgrube unerwähnt lassen könnte. Auf offensichtliche Gefahren nicht hinzuweisen, kommt mir verantwortungslos vor. Es mag das ganze Thema vielleicht „unattraktiver" machen, es gewissermaßen „entzaubern", aber das nehme ich gewissenhaft und seelenruhig in Kauf. Ich selbst stolperte am Anfang meiner Reise hilfsbedürftig dahin und wäre rückblickend von einigem verschont geblieben, wenn ich auf gewisse Punkte sorgfältig hingewiesen worden wäre oder manches wenigstens kleingedruckt Erwähnung gefunden hätte. Aber es kam, wie es kam und dadurch bin ich heute da, wo ich bin. Dafür bin ich zutiefst dankbar. Allgemein hat ein Weisheitslehrer zwar nicht die Pflicht, den Suchenden zu „beschützen" und letztlich ist jeder für sich selbst verantwortlich. Bei der Differenzierung zum eigenen Verstand, welche für den Einstieg in die friedvolle Gegenwart essenziell ist, sehe ich das jedoch kritisch. Das Thema rund um das Leben im Hier und Jetzt bewegt sich nämlich genau zwischen dem Rationalen und dem Nicht-Greifbaren. Es schlägt die Brücke zwischen diesen beiden Welten. Das macht es sowohl für gefasstere, als auch für hochsensible Menschen so interessant. Beide werden davon angezogen. Der eine müsste sensibler werden, sich dem Metaphysischen endlich öffnen und der andere sollte sich eher etwas standfester, stark verwurzelt und vorsichtig annähern, um das Erzählte so integrieren zu können, dass es ihn tatsächlich und nicht nur scheinbar in seine friedvolle Gegenwärtigkeit bringen kann. Ansonsten laufen beide Gefahr, sich hoffnungslos zu verlaufen. Ich habe das mehrfach miterlebt und sehe auch heute immer wieder Menschen, deren leerer Blick mir ihre Desorientiertheit in aller Deutlichkeit verrät. Sich vom Verstand zu „trennen“ soll also nicht bedeuten, sich eine zweite Persönlichkeit heranzuzüchten oder sich von sich selbst und seinem „schweren Leben“ zu verabschieden. Das Ziel besteht darin, eine gesunde Balance, einen guten Draht zwischen Herz und Kopf herzustellen. Du sollst dich nicht komplett von deinem Verstand „trennen“. Ich weiß, dass das so zwar nicht direkt gelehrt wird, aber ich weiß auch, dass man Weisheiten eventuell unbewusst so auslegen kann, wenn man gerade am Anfang seiner Reise steht und jedes Wort des „Gurus“ auf die Goldwaage legt. Klar, es gibt so einiges, was sich dir nicht erschließt, solange du die Lehren (d)eines Gurus lediglich oberflächlich betrachtest. Du sollst aber nicht deine eigene Identität auslöschen, nur weil du dir dadurch schnellstmögliche „Erleuchtung“ erhoffst. Wenn du deinen Verstand verlierst, scheint es vielleicht so, als ob es dir gut geht und du dich auf dem gesunden Weg befindest. Eine Abspaltung aber kreiert einen neuen und künstlichen Persönlichkeitsanteil, welcher das, was tatsächlich ist, vielleicht eiskalt leugnet. Klarerweise bestünde darin nicht die Intention, denn dies geschieht weder bewusst noch beabsichtigt. Die Abspaltung eines Teils deiner Persönlichkeit geht selbsttätig und als Reaktion auf ein unerträgliches Erlebnis oder solch einen Umstand von statten. Demnach kann ich dich davon nicht abschirmen, aber ich gehe davon aus, dass sich die Wahrscheinlichkeit einer unbewussten Persönlichkeitsabspaltung deutlich verringert, wenn du vorweg zumindest davon hörst oder liest. Völliges „Unwissen“ kann dem gefestigten Neuling sicherlich dabei helfen, in die Mitte zu kommen. Der gutgläubige, alles „aufsaugende“ und eher instabile „Anfänger“ sollte jedoch gefeit sein. Hier besteht die Gefahr darin, den Weisheitslehren des Gurus gerecht werden zu wollen, weil man sich dadurch wiederum die endgültige Erlösung erwartet. Dabei fällt die Betonung ganz klar auf „erwartet“, denn es wird in diesem Beispiel nicht nur darauf gehofft. Diese Geisteshaltung macht es meiner Erfahrung nach so gefährlich. Dies kann zur Folge haben, dass man seinen Verstand unbewusst zum Feind deklariert, den es dann zu „beseitigen“ gilt. Hierbei meine ich nicht „nur“ die bloße Verleumdung und das bewusste Schlüpfen in eine Rolle, sondern den tatsächlichen Prozess der Abspaltung eines Persönlichkeitsanteils. Wenn du mit deinen aktuellen Lebensumständen grenzenlos überfordert bist, du am absoluten Ende all deiner Kräfte bist und du wirklich keinen einzigen Ausweg mehr siehst, kann dein Unterbewusstsein in den „Notfallmodus“ schalten und die Realität „dir zuliebe“ ausblenden. Der vielversprechende Abstand zum Verstand wird dann unbewusst als Vorwand herangezogen, um einen Teil der Persönlichkeit abzuspalten, sodass du von dem, was tatsächlich ist, verschont wirst. Wirkliche Entlastung erfolgt aber niemals durch Flucht, sondern wird immer erst durch die Annahme dessen, was tatsächlich ist, eingeleitet. Damit das geschieht, muss natürlich bereits sehr viel mehr in einem brodeln als der bloße Wissens- und Weisheitshunger. Aber nicht selten stürzen sich gerade jene Menschen von einem Extrem ins andere, die einst schlimmen Erfahrungen ausgesetzt waren, welche sie noch nicht ganz verarbeiten konnten. Sie wittern Heilung in jeder Fluchtmöglichkeit und davon gibt es in der „Esoterik-Ecke" zuhauf. Jedes neue Themengebiet wird dann voreilig als „die Lösung für alles" interpretiert. Durch „die Wahrheit" des Gurus kann somit der starke Drang zum sofortigen Neustart erzeugt werden. Und für diesen ist man bereit einiges zu tun, wenn man im Inneren traurig ist und verkommt.

Wenn wir also hören oder lesen, dass unser Verstand „das Problem" ist, gehen wir oft vorschnell davon aus, dass wir diesen „loswerden" müssen, um glücklich zu werden. Aber immer dann, wenn eine innere Entfremdung stattfindet, besteht die Gefahr, dass wir das, was tatsächlich ist, noch weniger sehen als zuvor. Du sollst authentisch sein, du sollst Du werden und sein. Die friedvolle Gegenwart kannst du nur wahrnehmen, wenn du ihr als der, der du bist, begegnest. Mit anderen Worten: Akzeptiere, dass du einen Verstand hast und schätze ihn auch. Wisse, dass er ein Teil von dir ist. Du bist nicht dein Verstand, aber ganz ohne ihn bist du nicht Du. Das gilt insbesondere für das Thema rund um das Leben im Hier und Jetzt, da die bedingungslose Annahme der Essenz davon, einen gewissen

Abstand zum konditionierten Verstand erfordert. Das bedeutet: Um das Hier und Jetzt wahrlich erfassen zu können, benötigst du eine gewisse Distanz zu deinem Verstand. Dies birgt aber gleichzeitig die Gefahr, sich zu weit zu entfernen und das kann unter Umständen zu einer Abspaltung deiner Persönlichkeit führen. Natürlich verändert sich dein Alltag, dein Auftreten, deine Art der Interaktion, deine allgemeine Auffassung von allem. Ein höheres Maß an Bewusstheit lässt dich das Leben auch immer intensiver spüren. Durch die Erlangung innerer Harmonie ist das kaum anders möglich. Aber, wenn du generell jemand bist, der immer alles sofort haben möchte, dann solltest du wirklich vorsichtig sein. Wer instabil, verkrampft und im Höchsttempo in Richtung „Erleuchtung" unterwegs ist, verrät sich möglicherweise selbst und rast somit in Wahrheit auf eine Lüge zu, die er, aufgrund des übertriebenen Abstandes zu seinem Verstand, nicht mehr als solche registrieren kann.

Auch ein leerer Kopf ist voll

Erinnerst du dich an die spontane Übung zu Beginn dieses Buches? Danach schrieb ich, dass du deine Aufmerksamkeit auf die Schuhe deines Sitznachbarn in der U-Bahn richten und dir dabei Gedanken über die Farbe oder deren Größe machen kannst. Spricht man mit Leuten über das Thema rund um das Leben im Hier und Jetzt, bekommt man manchmal zu hören, dass sie überhaupt nicht mehr denken, sondern einfach nur noch sind. Generell seien Gedanken „nicht gut“, vermittelt dieser trendige Glaubenssatz. Dieser kann sich durchaus ungut auswirken.

„WER DENKT, DASS ER ÜBERHAUPT NICHT MEHR DENKT, BADET NICHT IM GLÜCK, SONDERN IM ZÄHEN SEE DER HEUCHELEI.“

Es ist ein Unterschied, ob du deine Gedanken während einer tiefen Meditation zu regulieren versuchst oder, ob du im Alltag wesentlich gelassener bist. Bei oder in einer Meditation ist es legitim, seine Gedanken zu drosseln. Darin besteht meistens das Ziel, weil dies für Ruhe und Frieden im Inneren sorgt. Hingegen ist es im ganz „normalen“ Alltag nicht ratsam, zu glauben, der Kopf wäre vollkommen frei von Gedanken. Das ist er nicht. Es ist eine Illusion, zu denken, dass man nicht mehr denkt. Wenn du den Satz „Ich spreche nicht.“ aufsagst, kommst du auch nicht auf die Idee, ernsthaft zu glauben, dass du den Satz zwar aufgesagt hast, ihn aber dabei nicht gesprochen hast. Solch widersinnige Glaubenssätze erfreuen sich aber gerade bei „Einsteigern“, die noch am „Anfang“ ihrer spirituellen Entfaltung stehen, oftmals an Beliebtheit. Eine typische Abwehrreaktion, wenn man mit „dem Leben“ an sich dermaßen überfordert ist, da man so ziemlich alles in Erwägung ziehen würde, um zu flüchten. Aus dem Jetzt zu flüchten, ganz gleich mit welcher Zauberformel, ist nicht zu bevorzugen, wenn es doch eigentlich darum gehen soll, ins Jetzt zu kommen. Während du diese Zeilen liest, denkst du. Ja, du liest und machst nebenbei gerade nichts anderes. Ja, du bist gegenwärtig und deine wachsame Konzentration gilt der Gegenwart. Ja, dein Fokus ist auf den Inhalt dieses Buches gerichtet. Alles wunderbar, dennoch denkst du währenddessen. Die typischen Verhaltensweisen deines Verstandes zu durchleuchten kann dir in allen Lebensbereichen dabei helfen, bewusst anwesend zu bleiben. Die komplette Trennung von deinen Gedanken kommt jedoch eher Realitätsverweigerung gleich. Du bist zwar nicht deine Gedanken, aber du hast welche. Schau, ob es ein Leben nach diesem Leben gibt, können wir nur vermuten. Nahtoderfahrungen und dergleichen können wir deuten, wie wir möchten, aber in diesem Leben bist du ein Mensch und als solcher ist es ganz normal, Gedanken zu haben. Es ist menschlich und auch das sollten wir annehmen und schätzen. Unser Dasein als Mensch ist eine wundervolle Erfahrung. Du bist nicht weniger wert, nur weil du kein von deinen Gedanken befreiter „Übermensch“ bist oder als solcher wahrgenommen wirst. Lass dich nicht von Leuten verunsichern, die behaupten, es „geschafft“ zu haben, gar keine Gedanken mehr zu hegen. Während sie mit dir sprechen, denken sie über das nach, was sie sagen. Danach denken sie über das nach, was du momentan darauf antwortest. Dies zu leugnen ist nur mit geringer Bewusstheit oder einem übersteigerten Drang nach Verdrängung der tatsächlichen Gegebenheiten möglich. Je bewusster du bist, desto weniger hast du das Verlangen danach, das zu leugnen, was ist. Deine Gedanken gehören nun mal dazu und daran ist nichts verwerflich. Nein, du bist nicht „schlechter" als jemand, der sich angeblich von all seinen Gedanken „befreit" hat. Du musst nicht „besser" werden und einen leeren Kopf anstreben.

Auch ein leerer Kopf ist voll. Die Gedanken zu ordnen, sie gewissermaßen auszumisten ist allenfalls ratsam. Zu viele Gedanken bremsen das Leben, klar. Aber es ist eine Sache, die positiven Gedanken in den Vordergrund zu stellen und eine ganz andere, alle Gedanken (also auch die positiven) loszuwerden. Woran denkst du, wenn ich dich nun bitte, nicht an ein fliegendes Krokodil zu denken? Ich denke, wir beide kennen die Antwort. Wisse, dass limitierende Gedankengänge aufgelöst werden müssen, damit du die friedvolle Gegenwart erfahren kannst. Wisse aber auch, dass das strikte Leugnen von Gedanken, egal ob positive oder negative, immer eine Methode deines ängstlichen Verstandes ist. Nur er lässt dich selbst glauben, du hättest gar keine Gedanken mehr. Denn durch das Ignorieren von dem, was wirklich ist, gelangst du nicht ins Hier und Jetzt und darin besteht sein Ziel, wie du weißt.

Ohne Ziel geht nicht viel

Wir sind uns darüber einig, dass allgemein lieber ein Gang runter geschaltet werden sollte, damit unser enormes Stresslevel sinken kann. Der vorherrschende Erfolgsdruck treibt uns in den Wahnsinn. Das ist mit Sicherheit wahr aber das Hier und Jetzt zu genießen soll nicht heißen, sich ziel- und anspruchslos zurückzuziehen. Das Leben ist Bewegung und wir wachsen durch das, was wir tun. Demnach geht ohne Ziel nicht viel. Albert Einstein soll angeblich Folgendes gesagt haben: „Das Leben ist wie ein Fahrrad. Man muss sich vorwärts bewegen, um das Gleichgewicht nicht zu verlieren". Obwohl dich das Leben im Hier und Jetzt bereits erfüllen kann, solltest du dir stets Ziele setzen. Ja, in der friedvollen Gegenwart ist prinzipiell alles gut. Aber nein, du sollst deshalb nicht alles demütig hinnehmen und deine innersten Bedürfnisse totschweigen. Selbst wenn das Hier und Jetzt an sich gut ist, musst du nicht irgendein Jobangebot annehmen, welches du eigentlich überhaupt nicht magst. Wenn du deinen inneren Energiefluss blockierst, indem du deine individuellen Bedürfnisse ignorierst, wirst du früher oder später ungesund. Du darfst deinem Körper, deinem Geist und deiner Seele Gutes tun und sollst dir die bestmögliche Einteilung deiner eigenen Lebenszeit gewissenhaft zugestehen. Es wäre traurig, wenn du das Leben im Hier und Jetzt so interpretierst, dass es völlig egal wäre, wenn du deine wertvolle Lebenszeit in lähmende Aktivitäten investierst. Du „besitzt" nichts Wertvolleres als deine

Lebenszeit. Mach dir das immer wieder bewusst, damit du jeden einzelnen Moment in deinem Leben genießen kannst. Überhaupt keine Anforderungen zu haben scheint im ersten Moment charakterstark und löblich, weil es genau die Entschleunigung darstellt, wonach wir alle trachten. Aber erinnere dich auch in deinem entspanntesten Zustand daran, dass du in Wahrheit immer noch ein Recht darauf hast, freudige Erinnerungen zu sammeln. Dich in den Stuhl zu lehnen und „den anderen“ nur noch beim Leben zuzuschauen, weil du durch deine neue Erkenntnis rundum zufrieden bist, fühlt sich vielleicht kurzerhand nach „genug Leben“ an.

Ja, der Ausstieg aus dem stressigen Chaos ist angenehm und du kannst deine Seele ruhig einmal baumeln lassen. Es ist jedoch wichtig, wieder in Schwung zu kommen, damit das „Nichtstun“ nicht zum Dauerzustand wird. Es wäre kein gutes Zeichen, wenn sich sinngemäß ein Gedanke wie: „Ich brauche gar nichts zu verändern und nichts zu tun, denn hier und jetzt passt sowieso alles“, einschleicht. Du darfst deinen Job wechseln oder ihn kündigen. Erlaube es dir selbst, dich in einer völlig neuen Richtung weiterzubilden. Was erlebst du denn, wenn du deinen beruflichen Lebenslauf als Reiseplan verwendest? Mit hoher Wahrscheinlichkeit nichts wirklich Neues, nichts wirklich Erfüllendes.

Du darfst dir vornehmen, nur noch liebevolle Menschen zu treffen, die dir wirklich guttun. Du darfst auch unter der Woche Dinge erleben, die dir Spaß machen. Nimm dir endlich die Zeit, falls du meinst, sie eigentlich nicht „zu haben“. Du darfst durch die Welt reisen und deine sogenannten „Verpflichtungen“ an dein Wunschleben anpassen. Nimm dir ruhig vor, deine Lieblingsmenschen öfter zu treffen, um dich mit ihnen auszutauschen. Strebe dein eigenes Wunschgewicht an und probiere neue Ernährungsweisen aus, wenn du das möchtest. Spare Geld, um dir etwas zu kaufen, was du schon immer haben wolltest. Tanke Kraft in der Natur, lerne eine neue Sprache, besuche einen Klub und tanze die ganze Nacht durch, wenn du das Verlangen danach hast. Wenn es deiner Vision entspricht, der Chef eines erfolgreichen Unternehmens zu sein, dann lass dich auch diesbezüglich nicht aufhalten und gehe, deiner individuellen Entfaltung zuliebe, nach vorne. Das Leben im Hier und Jetzt soll dich nicht davon abhalten.

Im Gegenteil: Der Zustand deiner friedvollen Gegenwärtigkeit soll und wird dich alles noch viel intensiver erleben lassen.

Rede dir also niemals ein, dass ein Leben im Hier und Jetzt „langweilig“ sein muss. Ja, von nichts kommt nichts und das „Nichts“ ist grundsätzlich alles. Aber in diesem Leben, auf diesem Planeten geht es nicht darum, nichts zu erfahren.

Du gehst doch auch nicht freiwillig ins Theater, um dich dort mit Ohrenstöpseln und aufgesetzter Augenmaske und dem Rücken zur Bühne gerichtet ins hinterste Eck zu setzen, oder etwa doch? Das Ziel deines Menschendaseins sollte darin bestehen, möglichst viel zu erfahren und das gelingt dir, wenn du dir Ziele setzt und danach strebst. Durch das Anpeilen eines Zieles, egal ob ein großes oder ein kleines, bist du in ständiger Bewegung und dadurch erschaffst du den Weg, während du ihn gehst.

Das Problem mit den „Problemen“

Der Weg, welchen wir als Mensch gehen, ist niemals komplett frei von Steinen. Ein völlig leerer Weg käme dem Ende deines Menschendaseins gleich. Das Leben ist, wie es ist, aber wie es ist, bestimmst du. Zumindest ist das zum Großteil so. Unvorhersehbare Geschehnisse sind wieder anders zu betrachten. Einen tragischen Autounfall suchst du dir nicht gezielt aus, aber dazu gleich mehr. Dein Lebensweg ist wie ein quer durch den Wald verlaufender Pfad, der mit vielen Steinen belegt ist. Die Steine sind unterschiedlich groß, haben verschiedene Farben und manche davon sind etwas gewichtiger als die anderen. Sie sind mit den „normalen“ Aufgaben deines Lebens zu vergleichen. Diese Steine gehören zur Reise durch den Wald und sind nicht wegzudenken. Wenn du versuchst, den Pfad zu verlassen, um auf einen anderen auszuweichen, wirst du bemerken, dass es keinen Pfad ohne Aufgaben gibt. Jeder einzelne Pfad ist mit vielen verschiedenen Steinen versehen. Zu „Problemen“ werden sie für uns erst, wenn wir sie als solche betiteln oder wir eben welche daraus machen. Stell dir vor, wie du die kleinen Steine auf deinem Pfad immer wieder nach vorne kickst, weil du dir nicht die Mühe machen willst, deine Füße zu heben. Irgendwann hast du so viele Steine (Aufgaben) vor dir hergeschoben, dass sie zu einem großen Haufen, also einem Problem werden, das du nicht mehr so einfach mithilfe von Wunschdenken loswirst. An dieser Stelle meldet sich wieder dein Verstand, der dir verklickern möchte, dass dein Leben einem Drama entspricht, weil du pausenlos mit unsäglichem Pech konfrontiert wirst. Hättest du dich den „normalen" Aufgaben deines Lebens jedoch gestellt, sie angenommen und als Teil deiner Reise akzeptiert, wären sie niemals zu solch einem „Problem" geworden. Dein Einstieg in die Gegenwart ist demnach nicht der Notausgang aus deinem Menschendasein. Deutest du ihn als solchen, wirst du zweifelsfrei Frust ernten. Der angehäufte „Aufgaben-Berg" ist nicht der friedvollen Gegenwart zuzuschreiben. Das Hier und Jetzt wird dir keine Aufgabe nehmen, die du selbst zu erledigen hast. Bewahre dich selbst vor dem Fehler zu glauben, dass das Jetzt dich über irgendeine deiner Hürden trägt. Es ist nicht „da", um dir den Ausflug durch den Wald so leicht wie möglich zu machen. Deine Aufgaben begegnen dir niemals sinnfrei und du bekommst eigentlich nur jene zugeschrieben, die du auch bewältigen kannst. *Wer tut, was er kann, damit er daran wächst, tut vermutlich, was er soll.* Deine Aufgaben kommen, damit du dich ihnen, deiner Bewusstwerdung zuliebe, widmest. Das Leben bürdet dir nur so viel auf, wie du in der Lage bist, auch wirklich zu (er)tragen. Jeder noch so kleine Stein ist ein Weckruf, der dich auf das Wesentliche hinweisen möchte.

Das, was dich von innen heraus erfüllt, ist der Pfad, den du schon die ganze Zeit, seit deiner Geburt als Mensch auf dieser Erde, gehst. Wäre unsere Wanderung nicht zu monoton, wenn wir nicht ab und zu einen Schritt zur Seite oder einen Sprung über einen kleinen Stein machen müssten, um weiterwandern zu können? Ohne das Meistern von verschiedensten Hürden wäre das Leben auf dieser Ebene doch langweilig. Die unterschiedlichen Steine auf deinem Pfad sind die „ganz normalen“ Aufgaben in deinem Leben als Mensch. Sich dagegen zu wehren hieße, sich gegen die Gegenwart zu wehren. Und wer sich gegen das, was ist, wehrt, lebt (s)ein Leben, ohne es zu (er)leben. Wenn du also liest, dass es im Hier und Jetzt keine Probleme gibt, dann sind damit nicht die verschiedenen Steine auf deinem Pfad gemeint. Auch dann, wenn du deinen Jetzt-Zustand erreichst, bist du vor den Aufgaben deines Lebens nicht gefeit, denn sie gehören eben dazu. Wir wären keine Menschen, würden wir nicht mit Liebeskummer oder dem Verlust eines geliebten Wegbegleiters in Berührung kommen. Ja, du wirst eines Tages enttäuscht, belogen und hintergangen, das bleibt dir nicht erspart.

Vielleicht wirst du finanzielle „Probleme“ haben und mal nicht sofort wissen, wie du weitermachen sollst. Der unangenehme Termin beim Zahnarzt, der verpasste Zug, das „erfolglose“ Bewerbungsgespräch oder das Unwetter, welches deine, lange im Vorfeld geplante Gartenparty durchkreuzt, gehören dazu. Das Hier und Jetzt als Schutzschild gegen das echte Leben zu verwenden, würde dir weder gelingen, noch würde es deiner individuellen Entfaltung dienen. Der bedingungslose Einstieg in die Gegenwart ermöglicht dir den Zugriff auf dein volles Potential. Wenn du annimmst, was tatsächlich ist, hast du Zugang zu deiner wahren Schöpferkraft. Durch Unvoreingenommenheit offenbart sich dir das Jetzt und dadurch lernst du dich und deine echten Qualitäten kennen. Dein Selbstwert wird dir klar und dadurch kannst du deinen Fokus auf das Wesentliche richten – die Gegenwart. In ihr kannst du dein Glück schmieden. Denn nur in ihr erkennst du, dass es „Probleme“ nur gibt, sobald wir sie zwanghaft erschaffen. Würden wir unsere Aufgaben auch als solche wahrnehmen, könnten uns diese auch nicht die Freude am Leben rauben. Denn ein lebensfroher Mensch ist nur dann wirklich lebensfroh, wenn er das Leben, mitsamt der Aufgaben, die es mit sich bringt (verschiedene Steine), mit echter Fröhlichkeit willkommen heißt.

Das Dasein als Mensch gibt es entweder ganz oder gar nicht. Dazwischen steht nichts zur Auswahl. Es existiert kein Pfad ohne Steine, keiner mit Abkürzungen. Welchen Pfad du auch immer wählst, das Leben liefert dir stets die Aufgaben, die du brauchst, damit du deinem Sein so nah wie möglich kommst. Dein Leben will gelebt werden und das bedeutet, dass dich der Einstieg in die friedvolle Gegenwart nicht von all deinen Aufgaben befreien wird. In diesem

Zusammenhang ist das Wort *„befreien"* aber irreführend. Dich von deinen Aufgaben zu *„befreien"* hieße nämlich nichts anderes, als dein Leben aufzugeben, es zu beenden. Sobald wir unsere Aufgaben als Geschenke begreifen und wir sie mit inniger Dankbarkeit und Achtsamkeit begrüßen, sind wir frei. Frei von jeglichen Problemen, frei von übertriebener Angst, frei von blockierenden Sorgen und limitierenden Gedanken.

Der Stein des Unglücks

Wie gehen wir mit jenen Schicksalsschlägen um, die uns blitzartig treffen? Wie lässt sich eine schwere Verletzung durch einen Autounfall erklären, wenn es im Hier und Jetzt doch gar keine Probleme geben kann? Das sind berechtigte und sehr wichtige Fragen, weshalb ich in diesem Kapitel unbedingt darauf eingehen möchte. Hier befindest du dich nämlich genau an jener Weggabelung, an der du die richtige Entscheidung treffen musst. Hier erfordert die richtige (bewusste) Entscheidung, die richtige Unterscheidung. Wenn du Opfer eines Autounfalls bist und dir dabei ein Bein brichst, handelt es sich um ein Problem, welches du nicht selbst erschaffen hast. Ein Problem, das du dir weder bewusst noch unbewusst gewünscht hast. Diskussionen darüber, ob es überhaupt einen Zufall gibt, oder jedes noch so kleine Ereignis bereits vorherbestimmt ist, gibt es vermutlich schon, seitdem der Mensch denkt. Darüber lässt sich endlos streiten. Worauf ich dich jedenfalls hinweisen möchte ist, dass du nicht jedes einzelne Ereignis in deinem Leben beeinflussen kannst, selbst dann nicht, wenn du dich friedvoll ins Hier und Jetzt begibst. Auch die Kraft der Gegenwart kann dich nicht vor einem unvorhersehbaren Autounfall beschützen, da wir unsere gemeinsame Realität auf der weltlichen Ebene kollektiv erschaffen. Du bist nicht allein auf dieser Welt. Dich zu beschützen entspricht nicht dem Sein des Jetzt. Es kümmert sich nicht um deine Probleme, da es keine Probleme kennt. Es um Hilfe zu bitten wäre so, als ob du zum Strand fährst und das Meer darum bittest, deine Stromrechnung zu bezahlen. Das eine hat mit dem anderen nichts zu tun. Das Jetzt verspricht Heilung, weil es nicht wertet, sondern ist. Im Hier und Jetzt hast du die Möglichkeit, einfach nur zu sein. Du kannst also im Meer schwimmen, es genießen und dich leichter fühlen. Aber das Meer wird dir nicht bei Dingen weiterhelfen können, die es nicht versteht. Das will es gar nicht, denn das Meer ist und macht sich keine hinderlichen Gedanken oder gar Sorgen. Das Meer ist das Meer. Punkt. Bricht dein Bein bei einem Autounfall, ist das nicht schön, aber für das Bestehen des Jetzt ist es keinesfalls relevant. Gehe nicht zu gutgläubig davon aus, dass dir nie wieder etwas geschehen kann, sobald du im Hier und Jetzt ankommst. Ein schwerer Autounfall ist kein kleiner Stein auf deinem Pfad, sondern ein großer, unvorhersehbarer Stein, der deinen Weg unangekündigt überquert. Diesen solltest du nicht mit einer „normalen“ Aufgabe verwechseln. Das bedeutet nicht, dass dir dieser Schicksalsschlag nichts bringt. In jedem Erlebnis findest du eine tiefere Lehre. Es ist aber essenziell, eine Aufgabe von einem Problem zu unterscheiden. Ansonsten ergibt das Thema rund um den Einstieg in die friedvolle Gegenwart niemals einen Sinn für dich. Es wird dir widersprüchlich vorkommen, wenn du dich strikt weigerst, zu differenzieren. Ich beobachte immer wieder Menschen, die versuchen, sich aus dem Jetzt eine Welt zusammen zu basteln, in der es keine Probleme gibt. Die Gefahr dabei ist die fehlende Differenzierung zwischen einem Problem und einem „Problem". Wenn es in der Gegenwart an sich keine Probleme gibt, bedeutet das nicht, dass dir als Mensch auf der Ebene des physischen Lebens nie wieder etwas zustoßen kann. Zu jeder Zeit kann dein Pfad von einem unvorhersehbaren Stein durchkreuzt werden, ob du willst oder nicht. Berechnen kannst du das ebenso wenig, wie du es aktiv verhindern kannst. Mit dem Wissen darüber, dass du es nicht verhindern kannst, solltest du verinnerlichen, dass du es gar nicht verhindern willst. Nicht, weil dir deine Gesundheit nicht wichtig wäre, sondern, weil du das echte Leben verpasst, solange du dich ausnahmslos auf das, was dir möglicherweise, vielleicht, eventuell, unter diesen und jenen Umständen zustoßen könnte fokussierst. Ja, dir kann etwas zustoßen. Ja, manchmal bist du zur „falschen Zeit" am „falschen Ort". Ein gebrochenes Bein zu leugnen wäre nicht nur fernab vom Hier und Jetzt, sondern obendrauf albern und keineswegs gesund. Was hast denn du oder sonst irgendjemand davon, wenn du mit gebrochenem Bein dastehst und behauptest: „Nein, dass mein Bein gebrochen ist, das kann gar nicht sein, denn in einem Vortrag habe ich gehört, dass es in der Gegenwart keine Probleme gibt“? Das ist eine völlig überspitzte Darstellung, aber sie soll dir die falschen Erwartungen veranschaulichen, welche manch einer hat, der sich in diesem Themengebiet hoffnungslos verirrt. In meinem persönlichen Umfeld habe ich das nicht nur einmal mitbekommen.

Mit derartiger Geisteshaltung verlangen nicht wenige Menschen nach „der eine Zauberformel“, welche unmittelbare Heilung herbeiführen soll. Wer sich dem Einstieg in die Gegenwart mit defizitärem Verantwortungsbewusstsein annähert und naiv davon ausgeht, dass sich allein dadurch alles Leid dieser Welt in Luft auflösen wird, läuft Gefahr, Schmerz in hohem Ausmaß zu erfahren. Durch das Unterlassen von verantwortungsbewusstem Handeln im eigenen Bereich seiner Möglichkeiten, lässt man vielleicht zusätzlich weltliches Leid weiterhin bestehen, wenn nicht sogar noch entstehen oder trägt zumindest nicht zur Linderung davon bei. Wenn du ein Problem hast, kannst du an eine Aussage denken, welche angeblich von Albert Einstein stammt: *„Es ist leichter Probleme zu lösen als mit ihnen zu leben.“* Manch einer ist damit überfordert, aber wisse, dass es allein schon enorm zur Heilung beiträgt, wenn du hinschaust und mit bewusstem Blick das annimmst, was tatsächlich ist. Damit legst du „den Finger in die Wunde“, du kennst diese Redewendung bestimmt. Du musst hinschauen, denn du nimmst auf das, was ist, allein schon durch deine bewusste Beobachtung Einfluss. Verletzt wirst du nur dann, wenn du die Gegenwart ignorierst und versuchst, dich gegen das, was ist, zu wehren. Suche daher nicht nach einem Notausgang, denn wenn sich dir die erfundene Straße der heilenden Hoffnung am Ende als Einbahnstraße zu erkennen gibt, kann das sehr weh tun. Nimm mit aller Liebe das an, was auf dich zukommt und verstehe, dass die „normalen“ Aufgaben deines Lebens (verschiedene Steine auf deinem Pfad) nicht immer gleich Probleme sein müssen. Du sollst nicht leugnen oder verdrängen, aber frag dich trotzdem immer, ob das, was dir begegnet und „passiert“, einem Problem oder einer Aufgabe entspricht. Rückblickend wissen wir oftmals ganz genau, dass es sich bei vermeintlich unlösbaren und untragbaren „Problemen“ eigentlich um wertvolle, wenn auch mühsame und stark fordernde Aufgaben handelt. Das mag oft so sein, dennoch sollst du erstens nicht leugnen, wenn du ein echtes Problem hast und zweitens nicht erwarten, dass es sich durch den Einstieg in die Gegenwart in Luft auflöst. Das ist es, was du beherzigen solltest, wenn du liest oder hörst, dass es im Hier und Jetzt keine Probleme geben kann. Beachtest du dies, wird dir der Einstieg in die friedvolle Gegenwart, welche dich von innen heraus erfüllen kann, erheblich leichter gemacht.

Werden oder sein?

Kurz möchte ich auf einen Irrtum eingehen, der allgemein weitverbreitet zu sein scheint. Es handelt sich dabei um die Annahme, dass wir „etwas“ werden müssen, um endlich anzukommen. Wir wollen „besser“ und „noch spiritueller“ werden, damit wir das Gefühl haben, den „einzig richtigen“ Weg zu gehen. Nicht zuletzt wird das hysterische Streben nach Erlösung von der bereits erwähnten Euphorie angekurbelt. Ich nehme wahr, dass viele Menschen schnellstmöglich Erleuchtung erlangen oder rundum „wissender“ werden möchten, weil sie auf Heilung, Ruhe und Frieden hoffen. Diese Herangehensweise führt jedoch in eine Einbahnstraße.

„Wer das Glück versucht zu jagen, erntet Unbehagen.“

Wir können in Windeseile den Inhalt spiritueller Schriften verschlingen und trotzdem nicht begreifen, was darin beschrieben wird, wenn wir hektisch umherirren. Das Jetzt ist der Inbegriff dessen, was wir eigentlich versuchen zu erlangen, nämlich Frieden. In den ersten Jahren meiner Entdeckungsreise begegneten mir immer wieder Menschen, die krampfhaft versuchten, jemand anders zu sein, als sie selbst. Nötig hatten sie es in Wirklichkeit nicht, denn sie waren und sind bereits genug. Die Selbstfindung begleitet uns vielleicht ein Leben lang, aber was relativ weit verbreitet zu sein scheint, ist der Irrglaube, dass wir erst etwas werden müssen, um endlich in den

Genuss der friedvollen Gegenwart kommen zu können. Sich mit aller Kraft und im verbissenen Modus eine neue Identität zu erschaffen, muss und sollte nicht sein. Natürlich soll jeder das tun, was er möchte, sofern er mit seinem Verhalten niemand anderen bewusst schadet. Durch das Schlüpfen in neue Rollen vergeht jedoch wertvolle Lebenszeit, die wir eigentlich bewusst im Hier und Jetzt verbringen könnten, um schöne Erinnerungen zu erschaffen. Die Versuchung ist vor allem am Anfang groß, weil die meisten noch mit geschwächtem Selbstwertgefühl und mangelnder Selbstliebe wandern. Eine ehemalige Freundin hat mir eine Zeit lang versucht einzureden, dass ich „der Auserwählte" sei. Mir war das zutiefst unangenehm, meine Freundin war aber allen Ernstes davon überzeugt. Sie selbst meinte auch noch, eine echte Hexe zu sein. Sie räucherte ihre Wohnung regelmäßig aus und nach einiger Zeit begann sie mit dem Kartenlegen. Die Identifikation als Hexe reichte nicht aus und so begann sie, ihren Freundinnen deren Zukunft vorherzusagen, wenn diese gerade Trost und Hoffnung wünschten. Später erzählte sie stolz, dass sie ein Medium sei, das außerdem die Aura der Menschen sehen kann. Nach außen hin stellte sie sich stets überglücklich dar, im Inneren brodelte es aber Vulkan-artig. Durch ihre Flucht in eine neue künstliche Filterblase und die unzähligen neuen Identitäten, welche sie darin erschuf und annahm, entfernte sie sich immer mehr von ihrem wahren Sein und das brachte eines Tages schwere Depressionen mit sich. Lange kämpfte sie gegen ihre innere

Stimme an, sie versuchte ihre neuen Rollen mit allen Mitteln aufrechtzuerhalten. Doch so sehr sie es auch versuchte, es gelang ihr nicht. Ihr Herz war lauter und sie letztlich vernünftig genug, um professionelle Hilfe in Anspruch zu nehmen. Durch eine etwas längere Psychotherapie nahm ihr Leben eine scharfe Wendung. Das ist mittlerweile viele Jahre her. Heute ist sie wirklich glücklich, von innen heraus und lacht herzlich über all ihre Erfahrungen, die sie gesammelt hat. Sie erzählt, dass sie immer „zufällig" genau das in ihre Rolle integrierte, was sie aktuell irgendwo aufgeschnappt hatte. Las sie beispielsweise in mehreren Magazinen über Hexen, fühlte sie sich dazu berufen, auch eine zu werden. Dass sie schon eine ist und auch in ihrem Vorleben eine war, lies sie sich dann von einem Medium in München bestätigen. Das kostete zwar viel Geld, aber diese Bestätigung war es ihr allemal wert, da sie es nach diesem Besuch quasi schwarz auf weiß hatte. Als sie von einer Arbeitskollegin erfuhr, dass diese die Aura der Menschen sehen könne, beschloss sie, dies nun auch zu können. So ging das immer weiter und somit verließ sie die friedvolle Gegenwart in kleinen Schritten. Der Ausgang war unschön, aber wie gesagt lacht sie heute darüber. Es erheitert sie sehr und dank dieser Einbahnstraße ist sie heute da, wo sie ist, nämlich in der Gegenwart. Ja, Humor ist eines der schönsten Kleidungsstücke überhaupt, das sollten wir nie vergessen. Es liegt mir übrigens fern, jemandem seine Begabungen abzusprechen. Zwischen dem, was wir als Mensch bewusst wahrnehmen und dem, was es gibt, liegen vermutlich unvorstellbare Welten. Menschen, welche die Aura eines anderen wahrnehmen können, sind keine Neuheit. Genauso wenig überraschen Menschen, die auf Entfernung, ohne jegliche technische Hilfsmittel, miteinander kommunizieren. Die schöpferische Kraft unserer Gedanken kann heutzutage nicht mehr geleugnet werden. Wahrscheinlich stimmst du mir zu, wenn ich behaupte, dass vermutlich viel mehr möglich ist, als unser Verstand sich eingestehen möchte und jemals könnte. Ich möchte lediglich darauf hinweisen, dass der Sprung von der alten Filterblase in eine neue Filterblase nicht zielführend ist, wenn man ins Hier und Jetzt kommen möchte. Sich mit Spaß und Freude in eine neue Identität zu flüchten, bewirkt eben nur, dass wir zwar irgendwie und irgendwo sind, aber nicht anwesend. Das kann alles witzig und unterhaltsam sein, aber es kann bedenklich werden, wenn das Ganze eher ungesunde, dissoziative Ausmaße annimmt, weil man sich dann den Zugang zu sich und seinem wahren Selbst erschwert oder gar verweigert. Wenn der Geltungsdrang die eigene Authentizität durchkreuzt, ist es umso schwerer, wirklich und bewusst im Hier und Jetzt anwesend zu sein. Genau das war bei meiner Freundin der Fall, wie sie heute selbst schildert. Du kannst deine Persönlichkeit trainieren, deine Stärken und deine Schwächen finden und dich ihnen auf deine Weise widmen. Aber wisse, dass du von Geburt an bereits wertvoll und genug bist. So, wie du von Natur aus bist, bist du genug. Nur so bist du tatsächlich Du. Dein natürliches Wesen gibt es nur ein einziges Mal auf dieser Welt. Du hast es nicht nötig, dich zu zerstreuen und dir Identitäten zuzulegen, welche dir substanzlose Anerkennung verschaffen sollen.

Du kannst das zwar tun, aber nötig hast du es in Wirklichkeit nicht. Bis zu einem gewissen Grad, der bei jedem individuell ausgeprägt ist, kann es auch noch mit Humor und Spaß betrachtet werden. Es scheint viele Menschen mit unterschiedlichen Begabungen zu geben. Das ist wundervoll, aber du selbst musst dich nicht zwanghaft in eine Rolle drängen, die dich liebenswürdig macht. Anstatt etwas oder jemand zu werden, solltest du einfach nur sein - und zwar du selbst.

- Wer bist du, wenn du niemand sein musst?

- Wie bist du, wenn du niemand sein musst?

- Wenn du in eine Rolle schlüpfst, darf dann ein anderer deine Einzigartigkeit beanspruchen & diese für immer übernehmen?

- Brauchst du deine Einzigartigkeit überhaupt noch?

- Erkennst du ihren unermesslichen Wert oder suchst du noch im Außen nach einem „wertvolleren Ersatz"?

- Worin besteht dein Ziel, wenn du dieses Buch liest?

- Was erhoffst du dir davon? Inwiefern bringt es dich auf deinem individuellen Weg der Selbstfindung weiter?

- Soll es dich dabei unterstützen, „spiritueller", weiser & wissender zu werden?

- Denkst du, dass meine Worte nötig sind, damit du zu dir selbst finden & in der friedvollen Gegenwart sein kannst?

- Suchst du nach anregenden Denkanstößen oder nach strikten Anweisungen zum Befolgen?

- Hast du Erwartungen, die dich traurig oder gar wütend machen, wenn diese nicht erfüllt werden?

- Was, wenn ich dir sage, dass du das Hier & Jetzt nur dann erreichen kannst, wenn du nichts und niemand, als du selbst bist?

- Gefällt dir diese „Anweisung" oder ist sie dir zu „langweilig"?

KAPITEL NEUN

Das, was ist, ist das Wunder, wonach wir suchen

Unser Menschendasein ist von kurzer Dauer und früher oder später fragen wir uns, warum wir hier sind, welchen Sinn unsere Existenz hat. Mit der Vorstellung darüber, dass wir rein zufällig existieren, können wir verständlicherweise nichts Sinnhaftes anfangen. Es gibt zwar Menschen, die von dieser These überzeugt sind, aber jeder, der das Leben wirklich bewusst und mit dem Herzen betrachtet, kommt zum Entschluss, dass sich das, was ist, nicht nur aus reinem Zufall ergeben kann.

Ich erwähnte eingangs, dass ich nicht weiß, was wir genau sind, falls wir sind. Dennoch lege ich mit meinen Worten das dar, was wir meinem Gefühl nach sind oder seien könnten. Wer seinem Sein nahe ist und sich der endlosen Weite des ewigen Lebens bewusst ist, spürt, dass allein schon bei all dem, was wir als

Mensch wahrnehmen können, und das ist, verglichen mit dem Rest, vermutlich fast nichts, mehr „dahinterstecken“ muss.
Von nichts kommt nichts, also muss sich ursprünglich eine allumfassende Kraft etwas gedacht haben, um all das, was ist, zu erschaffen. Diese Idee impliziert gleichzeitig die Frage, wer oder was diese allumfassende Kraft wohl genau ist und daraus erschließt sich letztlich die Frage, wer wir sind. Unser ganzes Menschenleben lang stellen wir uns Fragen, die wir nur spekulativ beantworten können. Wir können höchstens vermuten und unsere Antworten mit scheinbaren Beweisen untermauern, um unsere Hysterie zu dämpfen und uns zu beruhigen, aber eigentlich wissen wir, dass wir nichts wissen. Und dennoch tragen wir alles Wissen in uns, weil wir ein Teil von all dem sind, was ist. Du bist das, wonach du suchst, und zwar genau da, wo alles ist. Es ist die „erfolglose“ Suche nach dem Sinn, welcher uns antreibt. Aber, welche Antwort möchtest du hören? Was machst du, sobald du deine gewünschte Antwort bekommen hast? Was, wenn du nicht mehr auf der Suche bist, weil du bereits gefunden hast, wonach du suchst? Fühlst du dich erleichtert, wenn du dir vorstellst, alles zu verstehen? Schwierige Fragen, ich weiß. Denn, wie sollst du wissen, ob es dich erleichtern würde, alles zu verstehen, wenn du dir nicht einmal vorstellen kannst, was es alles zu verstehen gäbe? Was genau ist überhaupt „alles“ oder „das Alles“? Der Versuch, sich ein Bild über all das, was ist, zu machen, übersteigt die menschliche Vorstellungskraft bereits im Ansatz. Vielleicht ist

das auch gut so, oder nicht? Was, wenn es nichts zu verstehen gibt und alles nur erfahren werden kann und soll? Was, wenn das Wunder, wonach wir alle suchen, längst hier und jetzt, vor unserer Nase, existiert? Möglicherweise müssen wir unsere oberflächliche Auffassung von Leben an sich zunächst über Bord werfen und uns dem, was ist, nackt aussetzen. So können wir vielleicht das Wunder erfahren, welches wir die ganze Zeit schon suchen. Das Hier und Jetzt ist grundsätzlich weder gut noch schlecht. Es (be)wertet nicht und das ist für uns Menschen wiederum gut. Das heißt, dass wir hier und jetzt die Möglichkeit haben, aktiv und uneingeschränkt zu erschaffen. Es gibt nichts Gutes, außer man tut es, richtig? Das ist eine gute Erkenntnis für jeden, der sich seiner Schöpferkraft bewusst wird und ein neues Leben in der friedvollen Gegenwart anstrebt. Alles kann, nichts muss. Wir sollten die natürlichen Begebenheiten allen Seins akzeptieren, auch wenn wir sie noch nicht ganz verstehen. Wir müssen unsere Angst vor Ungewissheit und „Unwissen" in Lebensfreude umwandeln. Sobald wir wieder dankbar dafür sind, diese kurze Reise in „kindlicher Unwissenheit" machen zu können, erfahren wir ganzheitlich. Das, wovor wir am meisten Angst haben, ist das, was uns hier und jetzt befreien kann – die Annahme der ewigen Gegenwart. Raus aus dem mentalen Matrix-Käfig, rein in die Unendlichkeit deines individuellen Seins. Unsere Intuition weist uns ununterbrochen auf unsere Unsterblichkeit hin, aber wir versuchen „das Leben" trotzdem logisch und mit unserer menschlichen Denkweise zu analysieren. Selbst, wenn wir es aus dem lebensfeindlichen Hamsterrad, dem künstlichen Konstrukt hinausschaffen und beginnen, unseren Geist zu erforschen, greifen wir auf spirituelle Schriften zurück oder befassen uns mit Religionen, in der Hoffnung „die erlösende Wahrheit" zu erfahren. Was bleibt uns anderes übrig? Sollen wir uns von unserem Verstand lieber komplett trennen? Geht das überhaupt? Oder wäre es vielleicht sinnvoller, wenn wir uns der Reise als Mensch mutig „stellen", indem wir auch uns selbst voll und ganz so annehmen, wie wir sind? Den Verstand können wir ja auch, wie du bereits „weißt", zu unseren Gunsten nutzen. Möglicherweise sind wir „süchtig" nach Trennungen und missachten dabei unseligerweise die Idee, dass eigentlich alles miteinander verbunden ist. Gibt es irgendetwas, das mit gar nichts in Berührung steht? Ist das möglich, wenn das Nichts doch alles ist? Gibt es tatsächliche Grenzen, welche uns von dem, was ist, trennen? Oder sind wir mit allem und somit auch mit der allumfassenden Kraft, der Quelle, und der ewigen Gegenwart verbunden?

Vielleicht macht uns die Erfahrung an sich glücklich, wenn wir uns bedingungslos darauf einlassen. Demnach wären die Worte: „Der Weg ist das Ziel" neu und mit noch einem viel tieferen Verständnis zu betrachten, oder? Vermutlich bist du hier, um hier zu sein. Du bist womöglich hier und jetzt anwesend, um mit deiner Schöpferkraft auf alles, was ist, einzuwirken. Demnach sollst du erfahren und erschaffen, mitgestalten und deinen Teil beitragen. Der Einstieg in die friedvolle Gegenwart ist auf der weltlichen Ebene jene Möglichkeit, die dich der Wahrheit vermutlich am nächsten bringen kann.

Vielleicht fällt es dir schwer, bedingungslos zu vertrauen und zu erfahren, weil du befürchtest, wertvolle Zeit zu verlieren, in der du die Antwort auf das „Warum“ finden könntest. Aber denke doch mal zurück und rufe dir jene Erinnerungen ins Gedächtnis, die dir Spaß und Freude bereiteten und dich von innen heraus mit Glück erfüllten. Dir fällt vermutlich auf, dass das „Warum“ keinen Platz hatte, während du solch wunderschöne Erfahrungen gemacht hast. Wie oft sehnen wir uns nach der unbeschwerten Kindheit, in der wir unseren Ausflug als Mensch noch mit dem Herzen erfuhren? Später folgt der sogenannte „Ernst des Lebens“. Ein Käfig, den wir uns selbst bauen, weil uns die Sinnfrage dermaßen überfordert, dass wir sie uns mit „Verpflichtungen“ beantworten. Unsere übliche Art zu Leben ist lebensfeindlich und das wissen wir. Aber die innere Leere macht uns Angst. Wir können kaum mit ihr umgehen, dabei müssten wir uns nur dem, was ist, zuwenden, um dieses Leeregefühl loszuwerden. Die innere Leere ist nämlich voller Leben. Sonach haben wir Angst vor dem Leben und das solltest du dir bewusst machen. Sobald du die Angst vor dem Leben ablegst, legst du dein „altes Leben“ ab und wirst damit „neu geboren“. Diese Geburt ist der Einstieg in die friedvolle Gegenwart – dein neues Leben. Da, wo du Leid befürchtest, solltest du durchschreiten, weil sich dahinter dein unendliches Sein verbirgt, das mit allem, was ist, verbunden ist.

Richte deinen Blick auf deine innere Leere und wisse, dass diese so voll ist, wie alles, was ist. So voll wie das Nichts, welches gleichzeitig alles ist. Wenn eine Entfremdung deiner Innerlichkeit stattfindet, fühlst du Angst. Existenzangst, Versagensangst, Angst vor dem Tod, Angst davor, nichts „erreicht“ zu haben und so weiter. Das ergibt sich, wenn du dich selbst und somit alles, was ist, leugnest. Hab lieber Vertrauen in deine Anwesenheit und akzeptiere die Innerlichkeit allen Seins, damit du ein neues Leben in der friedvollen Gegenwart erfahren kannst. Ich denke nicht, dass wir aufhören sollten Fragen zu stellen, keinesfalls! Wir werden nicht herausfinden, wer wir sind, wenn wir aufhören Fragen zu stellen. Frag dich weiterhin, ob wir bewusst erschaffen wurden! Wenn ja, von wem und zu welchem Zweck? Gibt es überhaupt einen Zweck und ist unser Verständnis davon vielleicht völlig abwegig? Wo sind wir, falls wir sind? Waren wir schon immer hier oder kamen wir erst hierher? Wie kamen wir hierher? Wurden wir auf die Erde gebracht? Kommen wir alle vom selben Ort? Gibt es hier auf der Erde verschiedene „Menschenarten“, welche von verschiedenen Orten/Planeten kamen und möglicherweise noch immer kommen? Seit wann gibt es uns? Was gab es vor uns? Gibt es mehrere Dimensionen? Wenn ja, können wir in jeder davon wandern? Können wir in Wahrheit zeitlos durch Galaxien reisen? Stichwort: *Sternentore*. Ist alles, was wir kennen, nur ein Gedanke der gerade, von wem auch immer, gedacht wird? Sind wir wirklich frei? Leben wir in einer Simulation? Oder befinden wir uns gar auf einem Gefängnisplaneten? Sollte unsere Aufgabe dann darin bestehen, hinauszufinden? Leben wir nur ein einziges Mal? Oder gibt es Reinkarnation tatsächlich?

Verstehe mich bitte richtig: **Du sollst niemals aufhören, Fragen zu stellen!** Aber du erfährst die friedvolle Gegenwart nur dann, wenn du dich besinnst und dich kurzweilig mit der Nichtbeantwortung der großen Fragen anfreundest. Erfahre und verinnerliche den Zustand deiner Gegenwärtigkeit, damit du ohne Leidensdruck forschen und grübeln kannst. Eventuell ist das Hier und Jetzt die deutlichste Antwort, die wir als Mensch erfassen können. Das Schöne ist, dass du nichts Undenkbares können musst, um deine Erfahrung als Mensch ganzheitlich zu erfahren. Du darfst gerne „nur" ein Mensch sein, ebenso wie du früher „nur" ein Kind sein durftest. Was du brauchst, ist gerade mal ein bisschen Mut zur bedingungslosen Annahme dessen, was jetzt gerade ist. Das stellt sich nur als schwierige Herausforderung dar, weil unser „normaler" Alltag eher das Gegenteil beschreibt. Aber wisse, dass es deiner individuellen Entfaltung zugutekommt und sei ruhig außergewöhnlich, denn das Leben in der friedvollen Gegenwart ist alles, außer gewöhnlich!

Danksagung

Nichts ist so, wie es scheint, solange nicht das Gefühl von innerer Harmonie in uns haust. Ich hoffe, dass ich dich mit meiner Denk- und Schreibweise erreichen konnte und du nun ein Stück weit mehr in die Ruhe kommen kannst, um wertvolle Kraft aus ihr zu schöpfen. Wenn du den einen oder anderen Blickwinkel dazugewonnen hast, freue ich mich wirklich sehr. Das Leben ist Bewegung und mit dem Schreiben von Büchern versuche ich aktiv zu bewegen, zu verändern. Mir ist wichtig, dass zukünftig noch mehr Menschen von der Kraft ihrer vollen Gegenwärtigkeit profitieren. Denn, je bewusster die Menschheit, desto friedvoller die Realität in der sie lebt. Sonach soll ein kollektiver Einstieg in ein neues Leben erfolgen. Ich trage meinen persönlichen Teil dazu bei, indem ich Bücher für diejenigen schreibe, die da, wo sie aktuell stehen, genau die Sprache verstehen, in der ich aktuell kommuniziere.

„Ich kann dich nur dort abholen, wo du jetzt gerade stehst,
wenn ich mit meinen Worten gerade jene Sprache spreche,
welche dein Herz momentan spricht."

Ich gebe mein Bestes, um Themengebiete, welche für viele auf den ersten Blick kryptisch erscheinen, zugänglicher und verständlicher darzulegen. Der Weg in die bewusste Erforschung unserer eigenen Spiritualität wird uns maßgeblich erschwert. Genau dem möchte ich mit tiefergehenden und dennoch klaren, einfachen Worten entgegenwirken. Ich möchte, dass jeder Mensch, unabhängig von seinem sogenannten „Status", die Möglichkeit dazu hat, sich selbst zu verstehen, damit er sich von seinen künstlichen Ängsten befreien, und daraufhin seiner individuellen Entfaltung und seinem Seelenheil widmen kann. Ich strebe auch danach, dass du fortan selbstbestimmter lebst und dich auf deine individuelle Art und Weise verwirklichst. Du darfst das, und zwar genau hier und jetzt, in deinem neuen Leben in der friedvollen Gegenwart. Du bist jetzt gerade genau dafür, zur richtigen Zeit am richtigen Ort.

Wie bereits erwähnt, ist das Thema rund um das Hier und Jetzt eines, welches mit Worten nur sehr schwer so beschrieben werden kann, dass es jeder einzelne so annehmen kann, wie es gemeint ist. Ja, man muss es selbst erfahren, um zu verstehen, dass es eigentlich nichts zu verstehen gibt. Dennoch sollen dich meine Worte einmal mehr auf das Wesentliche hinweisen, nämlich auf dein Dasein. Investiere deine Lebenszeit sinnvoller, denn du bist meines Erachtens nicht grundlos hier. Du bist hier, um Freude zu haben und glücklich zu sein. Und je näher du dem Hier und Jetzt bist, umso näher bist du deinem wahren Sein, davon bin ich zutiefst überzeugt. Meine Worte generell als „die Wahrheit“ zu betiteln kommt mir unehrlich vor. Meine Geisteshaltung verwehrt mir, zu behaupten, dass ich weiß. Aber schon allein bei der Betrachtung dessen, was ich in meiner Begrenztheit wahrnehmen kann, ist mir das Wunder des Lebens bewusst geworden. Das, was ist, scheint ein wundervolles Geheimnis zu sein und die Essenz davon ist dein achtsames Sein. Du bist mittendrin und das bedeutet: Du bist ein Wunder - wisse das!

**„Wer nicht an Wunder glaubt,
hat vergessen, dass er selbst eines ist.“**

Danke, dass du eines meiner Bücher gelesen hast. Es ist mir wahrlich eine Ehre, dich auf deinem Weg zur Selbsterkenntnis begleiten zu dürfen. Ich hoffe, dass ich dir mit meinen Worten etwas mitgeben konnte, dir Fragen beantwortet habe und dir neue in den Sinn gekommen sind. Herzlichen Dank für deine Aufmerksamkeit, danke für deine wertvolle Zeit. Bis bald.

Weitere Bücher von Michael Repkowsky:

Energievampire sind meist negativ
denkende Menschen, die in der Lage sind, uns **wertvolle Lebensenergie zu rauben.**

Selbst kurze Gespräche können sehr mühsam für uns sein.

In diesem Buch findest du **effiziente Tipps, Anregungen & Ideen,** welche dir im **erfolgreichen Umgang mit Energievampiren helfen**.

Du musst **limitierende Gedanken loslassen**, um frei & glücklich zu sein.

Dieses Buch ist eine spannende Reise in deine Innenwelt.

Erfahre effektive Denkanstöße zur **Stärkung deines Selbstwertgefühls & steigere dein Selbstbewusstsein**.

Nimm gerne Platz am Outen-Tisch!

VERGANGENHEIT
LOSLASSEN
LERNEN
5 Schritte in ein glückliches Leben
MICHAEL REPKOWSKY

Das große Malbuch für Erwachsene

+ 70 positive Affirmationen.

Jedes Mandala ist mit einer Affirmation kombiniert.

- Großdruck im A4-Format -

Für mehr Bewusstheit & Achtsamkeit
für dein Leben im Hier & Jetzt.

Impressum:

Autor: Michael Repkowsky

Postfach: Meißnergasse 4-6/5/13, 1220 Wien

E-Mail: gesundergeist@gmx.at

Printed in Poland
by Amazon Fulfillment
Poland Sp. z o.o., Wrocław

54264024R00141